하오하오 중국어 첫걸음

Global21 글로벌문화원

하오하오
중국어 첫걸음

초판 1쇄 인쇄 2015년 12월 1일
초판 1쇄 발행 2015년 12월 1일

지은이 정명숙
발행인 김용부
발행처 글로벌문화원

등록번호 제 2–407
등록일자 1987년 12월 15일
주 소 서울시 종로구 관철동 11–19 글로벌 빌딩
대표전화 02) 725–8282
팩스 02) 753–6969
홈페이지 http://www.global21.co.kr

ISBN 978–89–8233–186–2 13720

★ 이 교재의 내용을 사전 동의나 허가 없이 무단으로 복사, 복제, 전재하는 것은
　저작권법에 저촉되며, 법적인 제재를 받게 됨을 알려 드립니다.

머리말

독자 여러분, 안녕하십니까?

5천년 역사를 넘어 21세기 세계사에서 소위 'G2시대'의 한 축으로 입지를 넓혀가고 있는 중국이라는 국가와 함께 13억 중국인이 사용하는 언어인 중국어(漢語)를 배우려는 세계인의 관심도 점차 높아지고 있습니다.

중국어는 기원전 221년 진시황이 문자 통일을 이룬 이후 번체자가 복잡하다고 해서 1964년 2238개의 간체자(簡化漢字總表)를 공표하여 사용하고 있습니다. 표준어로 쓰이는 보통화(북경어) 이외에 번체자를 쓰는 광둥어(홍콩어)와 여러 방언이 있으며, 특히 4개의 성조가 있는 언어라서 어렵게 느껴지고 발음을 표기하는 독음표기부호를 사용해야 하는 등 다른 언어와는 차별적인 특징을 가지고 있습니다.

그렇지만 연구에 따르면, 비모국어 학습자가 하루 30분 정도 꾸준하게 중국어를 공부한다면 대략 6개월~1년 사이에 의사소통을 할 수 있을 정도의 수준이 된다고 하므로 미리 복잡하게 생각하거나 겁을 먹을 필요는 없습니다. 제가 유치원 때부터 10년간 서울한성화교학교에 다니면서 중국어를 모국어처럼 학습한 경험과 지금까지 중국어학 및 중국어교육에 종사한 경험에 따르면, 단언컨대 중국어 학습은 어렵지 않습니다.

이 책은 중국어 학습에서 '첫걸음'을 내딛는 학습자를 위한 내용으로 구성했습니다.
첫째, 문법을 간단명료하게 설명하면서 이를 기반으로 문장 구성력이 향상될 수 있도록 설계하였습니다.
둘째, 일상생활에서 유용하게 쓸 수 있는 생생한 중국어 표현을 사용함으로써 실전에 강한 중국어 학습이 될 것입니다.
셋째, 이 책 한 권만 끝내면 더 이상 중국어 왕초보가 아닙니다. 어느 순간에 "어라, 중국어가 되네?" 라는 말이 저절로 터져 나올 것입니다.

공부에는 왕도가 없다고 합니다. 중국어 학습에도 왕도가 없습니다. 다만 좋은 학습방법과 학습요령은 따라해 볼 수는 있을 것입니다. 세 가지를 당부 드립니다.

1. 눈으로 보는 중국어 공부가 아니라, 입으로 말하는 중국어 공부를 하십시오.
2. CD · 녹음기 · 인터넷강의를 활용해서 중국어 발음을 반복해서 따라 해 보십시오.
3. 일상생활의 여러 상황에서 중국어로 혼잣말을 해보는 연습을 많이 하십시오.

이 책을 통해 독자 여러분의 중국어 학습 첫걸음이 즐겁고 행복하며 큰 성과 거두시길 기원합니다. 감사합니다.

저자 **정명숙**

이 책의 **차례**

Part 01 인사하기 — 024

1. 처음 만난 사람과 인사하기
2. 다양한 인사 표현
중국어의 어순 / 동사 술어문 / 형용사 술어문 / 습관적으로 쓰이는 부사 很

Part 02 이름과 소개 — 036

1. 이름 묻고 답하는 표현
2. 품격 있는 자기소개
是자문 / 구조조사 的

Part 03 숫자와 시간 — 048

1. 시간 묻고 답하기　　2. 숫자 읽는 법
3. 다양한 시간 표현
형용사 술어문 (긍정문 / 부정문 / 의문문)

Part 04 날짜와 요일 — 060

1. 날짜와 요일에 대해 묻고 답하기
2. 사과와 감사의 표현
숫자를 묻는 几와 多少 / 吗를 사용한 의문문 / 문장에서 시간의 위치

Part 05 국적과 나이 — 072

1. 국적 묻고 답하기
2. 나이 묻고 답하기
의문대사로 질문하기 (哪 어느 / 多大 얼마나 / 什么 무엇)

이 책의 **차례**

이 책의 **구성**

Step1 단원 내용을 그림으로 한 눈에 보기

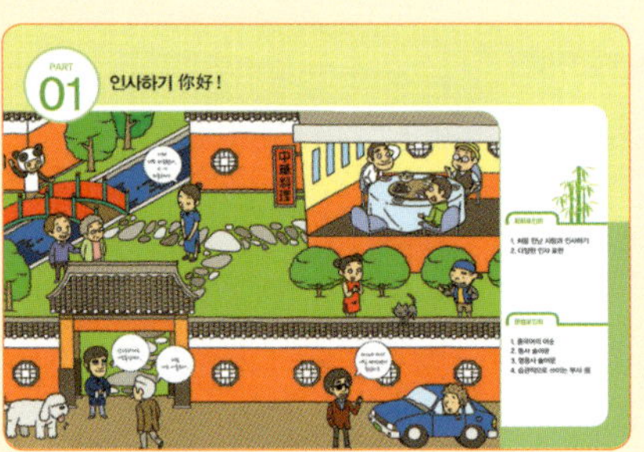

본 단원에서 배울 내용의 한 장면이 재미있는 그림으로 소개되어 있습니다. 그림을 보면서 단원에 어떤 내용이 나올 것인지 예측해 보세요. 단원명과 오른쪽 핵심 포인트를 보면서 앞으로 배울 문법 내용을 미리 익히도록 합니다.

Step2 생생회화로 문법과 문장 공부하기

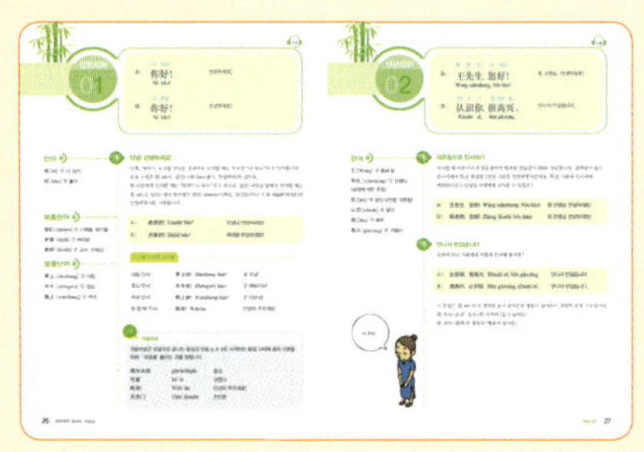

생생회화에서 문법 내용, 기본 문장과 새로운 단어를 배울 수 있습니다. 다양한 회화 내용과 문법 내용도 함께 공부하세요. mp3음원을 들으면서 단어와 문장을 함께 읽는 연습을 해보세요. 학습 도중에 제시되는 TIP에서는 그 페이지의 내용에 해당하는 보충내용을 덧붙여 더 깊이 공부할 수 있도록 하였습니다.

Step3 문법포인트로 문법 한눈에 보기

문법포인트로 앞에서 배웠던 문법을 한눈에 정리할 수 있습니다. 중국어는 패턴을 확실하게 외워서 다양한 단어와 함께 활용하면 공부하기 쉬워요. 패턴을 정확하게 외우고 아래에 있는 예문을 보면서 복습해 봅니다.

Step4 전체대화문으로 회화 연습하기

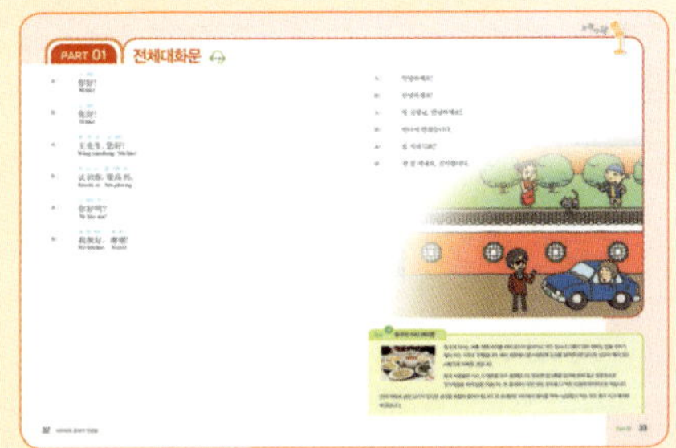

생생회화와 문법포인트에 나온 내용으로 짧은 대화를 재미있게 구성하였습니다. 실생활에서 일어날 수 있는 상황으로 중국인과 대화할 때 자주 쓰이는 표현들입니다. 음원을 계속 듣고 눈으로 책을 보면서 문장을 완전히 암기할 수 있도록 하세요. 문장이 내 것으로 확실히 만들어지면 자연스럽게 입이 열립니다. 문화Tip 코너에서는 중국어를 더 잘 이해할 수 있도록 중국 문화를 간략히 소개하였습니다. 언어를 배울 때 그 나라의 문화를 알고 있다면 더 쉽게 언어를 학습할 수 있습니다. 쉬는 시간에 틈틈이 읽어보면서 시야를 넓혀 보세요.

Step5 문제풀기로 실력다지기와 실력 확인하고, 간체 쓰기 연습으로 한자 외우기

문제풀기로 실력다지기

문제풀기로 실력다지기의 문제를 통해 앞에서 배운 내용을 확인할 수 있습니다. 먼저 문제를 풀어보고, 정답과 해설을 보면서 틀린 문제는 꼭 확인하고 넘어갑니다. 문제를 풀면서 모르는 부분이 생긴다면 제대로 학습하지 않은 것이므로 해당 부분으로 다시 돌아가 복습하세요.

간체 쓰기 연습

중국어 학습에 있어서 한자를 익히는 것은 중요합니다. 한자와 함께 단어를 외우면서 간체와 번체를 공부하세요. 눈으로 보고, 손으로 써 보기도 하면서 한자를 외워보세요.

이 책의 활용

1

본문 내용을 공부하기 전에 먼저 중국어에 대한 설명(p.12)을 보면서 중국어에 대해 알도록 하세요. 다음은 중국어 발음 원리와 성조(p.13)에 대해 설명해 두었습니다. 본문 내용을 공부하면서 모르는 부분이 있으면 앞으로 돌아와서 반드시 확인하도록 합니다.

2

중국어 발음 원리와 성조를 익힌 후 본문으로 넘어가서 단어와 문장, 문법을 공부해 봅니다. 새로운 문장을 보면서 단어의 쓰임새를 잘 알아두세요. 글자와 단어, 문장은 별개이지만 유창한 중국어 실력을 위해서는 동시에 함께 공부해야 합니다. 음원을 듣고 반복해서 말하고, 한어병음 없이도 문장을 읽을 수 있도록 하세요.

3

혼자 공부하기 어려운 학습자들을 위해 글로벌21(www.global21.co.kr) 사이트에서 온라인 강의를 제공하고 있습니다. 컴퓨터 앞에서 친절하게 가르쳐 주는 선생님들의 명강의를 들으면서 중국어 실력을 조금씩 키워 보세요.

4

음원을 반복해서 듣고, 단어와 문장은 손으로 쓸 수 있을 때까지 눈으로 보고 연습해 보세요. 언어학습은 오랫동안 꾸준히 눈과 귀, 손을 사용하면서 반복하는 것이 중요합니다.

발음 기본 원리

중국어에 대하여

발음과 성조

Q 중국어는 방언(方言 fāngyán 사투리)이 많다고 하던데?

A 중국은 워낙 넓기 때문에 지금 우리가 배우는 중국어가 바로 보통화(普通话 pǔtōnghuà)인데요, 중국어의 국제화를 위해 한자마다 알파벳으로 음을 달아 놓았는데요, 이를 '한어병음(汉语拼音)'이라고 합니다. 즉, 방언(方言)을 사용한다면 같은 중국인끼리라도 의사소통이 되지 않을 수 있습니다. 중국 방언은 우리나라의 사투리 수준이 아니라 거의 외국어 수준인데요, 같은 민족끼리도 방언으로는 의사소통을 할 수 없는 불편함을 해결하기 위해 1955년 중국은 중국의 표준어인 보통화(普通话)를 제정하였습니다. '보통화'란 중국 전역에서 통용되는 한민족의 규범화된 공통어로, 베이징 어음을 표준음으로 하고, 북부 지방의 방언을 기본 어휘로 하며, 전형적인 현대 문학 작품을 어법의 규범으로 삼고 있는 것을 말하죠.

Q 만다린은 뭐에요?

A 중국어의 방언은 크게 7가지로 구분되는데요, 중국의 방언 가운데서도 '칸토니스(Cantonese)'와 '만다린(Mandarin)'이 가장 대표적이죠. '칸토니스'는 홍콩에서 사용하는 월방언(粤方言) 즉, 광둥어이고, '만다린'이 바로 베이징에서 사용하는 보통화(普通话)입니다. 보통화의 명칭도 지역에 따라 다른데요, 중국 북경에서는 중국 표준어를 '보통화(普通话 pǔtōnghuà)'라고 하고, 싱가포르와 말레이시아 등 국가의 화교들은 화어(華語 Huáyǔ)라고 하며, 타이완에서는 국어(國語 Guóyǔ)라고 부르고 있습니다.

Q 중국 사람들은 그 많은 한자를 어떻게 읽나요?

A 한자로 이루어진 중국어는 글자 수가 너무 많아 중국인들조차도 읽지 못하는 글자가 있을 정도입니다. 이런 문제를 해결하기 위해 글자마다 알파벳으로 독음을 달아 표기하는데요, 이것이 바로 한어병음(汉语拼音 Hànyǔpīnyīn)입니다.

Q 한자에는 간체자와 번체자가 있는데요?

A 한자 표기는 '번체자(繁體字)'와 '간체자(簡體字)'로 구분 돼요. 중국에서는 '간체자'를 대만에서는 '번체자'를 사용합니다.

번체자	愛 (애)	學 (학)
간체자	爱 ài	学 xué

Q 중국어에는 성조가 있다던데요?

A 중국의 성조는 1성, 2성, 3성, 4성이 있는데요, 1성은 음이 높아 음계로 치면 솔의 음에 해당하고, 2성은 미에서 솔 높이로 음을 올려 읽으며, 3성은 레에서 파의 높이로 음을 내렸다가 다시 올려 발음하며, 4성은 신경질적으로 세게 내려 읽는 것을 말해요. 여기에 추가로 가볍게 발음하는 경성이 있어요. 중국어에서는 음이 같아도 성조가 다르면 다른 의미가 글자가 되기 때문에 성조를 정확하게 발음하는 것이 중요해요.

bā 八 (숫자8)　　bá 拔 (뽑다)　　bǎ 把 (~를)　　bà 爸 (아빠)　　ba 吧 (~합시다)

우리가 배우는 중국어가 바로 보통화(普通话)인데요, 중국어의 국제화를 위해 한자마다 알파벳으로 음을 달아 놓은 것을 '한어병음(汉语拼音)'이라고 합니다.

한어병음은 성모와 운모 그리고 성조로 구성돼요.

好 hǎo

성모: 우리말 자음에 해당하며 21개가 있어요.

운모: 우리말 모음에 해당하며 38개가 있어요.

성조: 음의 높낮이를 말하고 4성과 경성이 있어요.

운모란 성모를 제외한 부분을 말하는데요, 성모 없이 운모만으로도 한 음절을 이룰 수 있어요. 이중 기본 운모 6개는 성조 표기나 운모를 구성하는 기본이 되므로 매우 중요합니다.

a	입을 크게 벌리고 '아'하고 발음합니다.
o	혀를 중간 뒤쪽에 놓고 입술은 동그랗게 하며 '오어'를 붙여 읽는 기분으로 발음합니다.
e	입은 반쯤 벌리고 혀는 중앙에 놓고 '으어'하고 천천히 발음합니다.
i	입술을 살짝 벌리고 혀는 앞쪽에 놓은 뒤 '이'하고 발음합니다.
u	입을 작게 열고 입술은 동그랗게 혀는 뒤쪽에 놓고 '우'하고 발음합니다.
ü	입을 작게 열고 입술은 동그랗게 혀는 위쪽 뒤에 놓고 '위'하고 발음합니다.

① 운모 e 는 i , u, ü와 결합하면 '으어'가 아닌 '에'로 발음 돼요.

ie 이에

ei 에이

uei(ui) 우에이 *괄호 안은 표기법

üe 위에

② i는 앞에 성조가 j, q, x 일 때는 '이'로 발음하지만, 성모 z, c, s, zh, ch, sh가 앞에 오면 '으'로 발음합니다.

zi 쯔

ci 츠

si 쓰

zhi 즈

chi 츠

shi 스

③ i가 성모 없이 발음될 때는 앞에 y를 표기합니다.

i　　→　　yi (이)

ia　　→　　ya (야)

ie　　→　　ye (예)

iao　　→　　yao (야오)

④ u가 성모 없이 발음될 때는 w를 표기합니다.

u　　→　　wu (우)

ua　　→　　wa (와)

uo　　→　　wo (워)

uai　　→　　wai (와이)

⑤ ü가 성모 j,q,x 와 결합할 때는 ju, qu, xu로 표기합니다.
　 또 ü가 성모 없이 표기될 때는 y를 표기합니다.

ü　　→　　yu (위)

üe　　→　　yue(위에)

üan　　→　　yuan(위안)

ün　　→　　yun(윈)

헷갈리는 기본 운모 따라잡기

한어병음은 알파벳을 빌려와 표기하기 때문에 모양은 같지만
한어병음에서의 알파벳 발음은 영어에서의 알파벳 발음과 다릅니다.

1. a – o – e – i – u – ü

2. u – ü

3. u – o

4. o – e

5. ü – i

우리 말 자음에 해당하는 성모는 모두 21개가 있습니다.

윗입술과 아랫입술을 붙였다 떼면서 발음합니다.

b(뿌어)	p(포어)	m(모어)
bàba 爸爸 아버지	píyī 皮衣 가죽 옷	māma 妈妈 엄마

윗니로 아랫입술을 살짝 물듯이 하며 그 틈 사이로 영어의 [f]발음을 합니다.

f (포어)	fūfù 夫妇 부부

혀끝을 앞니 뒤에 대었다가 떼면서 내는 소리

d(뜨어)	t(트어)	n(느어)	l(르어)
dìtú 地图 지도	tàiyáng 太阳 태양	nǎinai 奶奶 할머니	lǐwù 礼物 선물

혀뿌리로 목구멍을 막았다가 떼면서 내는 소리

g(끄어)	k(크어)	h(흐어)
gēge 哥哥 형, 오빠	kùzi 裤子 바지	hùshi 护士 간호사

입을 길게 벌리고 혀를 평평하게 내는 소리

j(지)	q(치)	x(씨)
jīqì 机器 기계	qìchē 汽车 자동차	xǐshǒu 洗手 손을 씻다

혀끝을 입천장에 붙였다가 떼면서 내는 권설음 소리

zh(즈)	ch(츠)	sh(스)	r(르)
zhū 猪 돼지	chūzūchē 出租车 택시	lǎoshī 老师 선생님	热水 rèshuǐ 뜨거운 물

혀끝은 위 잇몸에 붙였다가 떼면서 내는 소리

z(쯔)	c(츠)	s(쓰)
zūqiú 足球 축구	cèyàn 测验 테스트	sùshè 宿舍 기숙사

기본 운모 6개인 a(아), o(오어), e(으어), i(이, 으), u(우), ü(위)를 단운모라고 하고 두 개 이상으로 구성된 운모를 복운모라고 해요.

ai ei ao ou
ia ie ua uo üe
uai uei(ui) iao iou(iu) * 괄호 안은 표기법

ai 아이 háizi 孩子 아이
ei 에이 fēijī 飞机 비행기
ao 아오 pǎo 跑 달리다
ou 어우 shǒu 手 손

ia 이아 jiā 家 집
ie 이에 dìtiě 地铁 지하철
ua 우아 wàzi 袜子 양말
uo 우오 huǒchē 火车 기차
üe 위에 yuèliang 月亮 달

uai 우아이 wàiguó 外国 외국
uei(ui) 우웨이 shuǐguǒ 水果 과일
iao 이야오 piàoliang 漂亮 예쁘다
iou(iu) 이여우 qiūtiān 秋天 가을

비음(콧소리)가 섞인 운모로 n, ng가 들어간 운모입니다.

an (안) fàn 饭 밥
ian (이옌) diànhuà 电话 전화
uan (우–안) wánjù 玩具 장난감
üan (위옌) yuǎn 远 멀다

en (언) běnzi 本子 공책
in (인) yínháng 银行 은행
uen(un) (원) chūntiān 春天 봄
ün (yún) (운) yún 云 구름

ang (앙) shāngdiàn 商店 상점

iang (이-앙) xiāngjiāo 香蕉 바나나

uang (우-앙) wǎngqiú 网球 테니스

eng (엉) péngyou 朋友 친구

ing (잉) yīngyǔ 英语 영어

ueng (우-엉) wēngwēng 嗡嗡 윙윙 (곤충이 날아가는 소리)

ong (옹) dōngtiān 冬天 겨울

iong (이-옹) xióngmāo 熊猫 판다

운모 발음 주의점

1. ie와 ei

운모 e는 단독으로는 '으어'로 발음되지만 다른 운모와 결합할 때는 발음의 변화가 있어요.

ie(이에) shìjiè 世界 세계

ei(에이) méiyǒu 没有 없다

2. u와 ü 발음

u는 '우'로 ü는 '위'로 발음합니다. 단독으로 표기될 때 u는 wu로 ü는 yu로 표기합니다.

wu(우) xiàwǔ 下午 오후

yu (위) xiàyǔ 下雨 비가 내리다

3. iu와 ui

iu는 iou의 원형으로 한어병음 표기에서는 o를 생략합니다.

ui는 uei의 원형으로 표기할 때는 e를 생략합니다.

표기만 생략하는 것이지 발음할 때는 음을 살려서 해야 해요.

iu (여우) jiǔ 九 숫자 9

ui (우웨이) guì 贵 비싸다

4. ian 과 iang

iang의 경우 i와 ang 이 결합된 음으로 '양'소리가 나지만 ian은 모양새는 i와 an이 결합되었어도 '이안'이 아니라 '옌'으로 발음합니다. 성모 없이 발음될 때는 i가 y로 바뀌어 표기됩니다.

yan(옌) yánsè 颜色 색깔

yang(양) yàngzi 样子 모양

5. uan 과 üan

u를 단독으로 표기 할 때는 앞에 w를 붙이고 ü를 단독으로 표기 할 때도 y를 붙입니다.

wan(완) wǎnshang 晚上 밤, 저녁

yuan(위안, 위엔) yuánquān 圆圈 원, 동그라미

6. un과 ün

un(원)은 uen이 원형이지만 e를 생략하고 표기하죠. 그러나 발음할 때는 e발음을 살려서 해야 합니다.

孙子 sūnzi 손자

军人 jūnrén 군인

성모 j,q,x는 운모 u와는 만나지 않고 ü하고만 결합하므로 구분을 위해 표기해 주었던 u위의 두 점 (ü)을 생략하죠.

4개의 성조 음의 높낮이를 나타내는 것을 성조라고 하는데요, 성모와 운모의 결합이 같아도 성조가 틀릴 경우 전혀 다른 의미가 글자가 되기때문에 정확한 성조 발음은 매우 중요합니다.

제1성[5-5, 솔-솔]

5(솔)
4(파)
3(미)
2(레)
1(도)

māma 妈妈 엄마 zhōngxīn 中心 중심, 센터

제2성[3-5, 미-솔]

5(솔)
4(파)
3(미)
2(레)
1(도)

yéye 爷爷 할아버지 yú 鱼 물고기, 생선

제3성[2-1-4, 레-도-파]

5(솔)
4(파)
3(미)
2(레)
1(도)

hǎo 好 좋다 mǎ 马 말

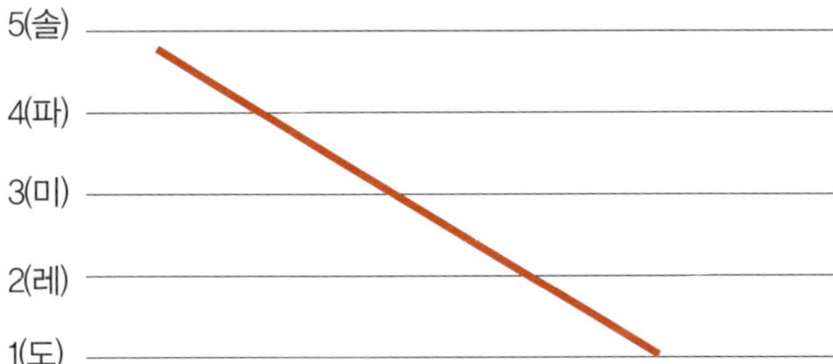

shàngkè 上课 수업하다   xiànzài 现在 지금

경성은 제 성조를 따르지 않고 가볍고 약하게 발음하는 성조를 말해요. 경성은 앞 음절 높이에 따라 소리의 높이가 달라져요. (별표는 경성 표시)

māma 妈妈 엄마

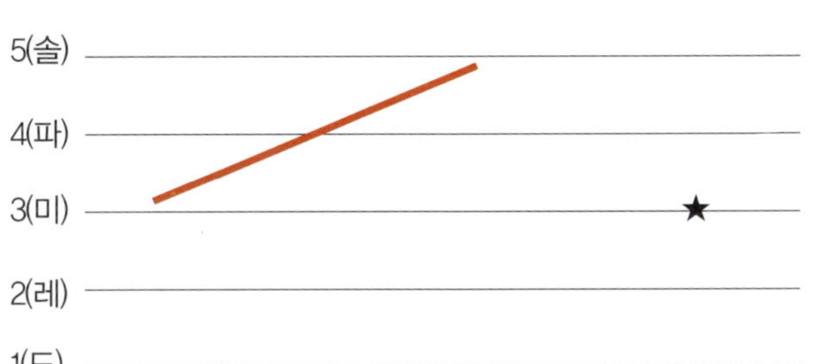

yéye 爷爷 할아버지

제3성[2-1-4, 레-도-파]

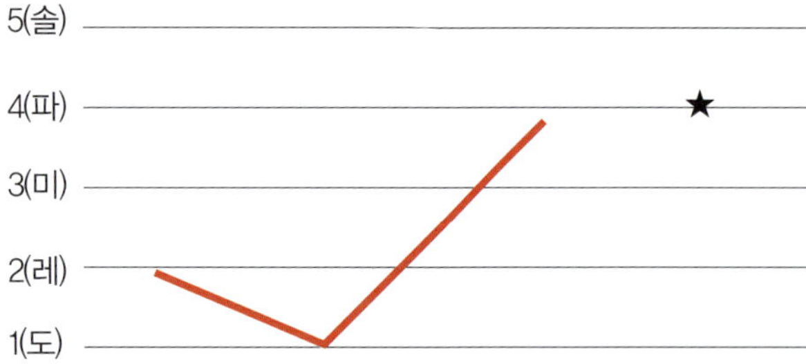

jiějie 姐姐 누나, 언니

제4성[5-1, 솔-도]

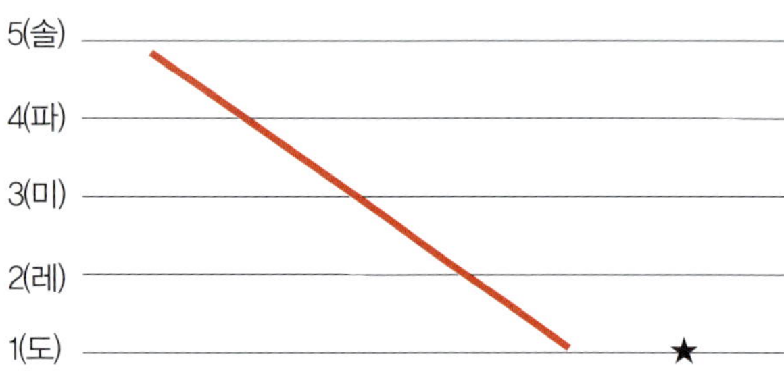

bàba 爸爸 아빠

1성: 고음으로 편편하게 발음합니다.
2성: 음을 천천히 끌어 올려 발음합니다.
3성: 음을 내렸다가 다시 올려 읽어요.
4성: 위에서부터 세게 내려 읽습니다.
경성: 성조 표시가 없고 가볍고 짧게 발음합니다.

성조 표기에 대해서

1. 운모가 하나면 운모위에 성조 표시

mā 妈 엄마 bà 爸 아빠

2. 복운모이면 기본운모 6개 a - o - e - i - u - ü 중 입이 크게 벌어지는 순서(a > o·e > i, u, ü)에 따라 표시

xiè 謝 감사합니다 tiān 天 하늘

3. 운모 i와 u가 나란히 있을 때는 뒤에 있는 운모에 성조를 표기

jiǔ 酒 술 zuì 醉 취하다

4. 운모 i에 성조를 붙일 때는 i 위의 점을 떼고 붙이기

chī 吃 먹다 zì 字 글씨

1. 권설운모 er (얼)

혀 끝을 입천장으로 말아 올려 발음합니다.

érzi 儿子 아들

èr 二 숫자 2

2. 儿(er)화

중국 사람들은 주로 작고 귀여운 것을 말 할 때 습관적으로 명사 다음에 er 발음을 넣어요. 한어병음은 소리 나는 대로 표기하죠.

gēr 歌儿 노래(gē+er)

huār 花儿 꽃 (huā+er)

xiǎo háir 小孩儿 어린이 (hái+er)

yì diǎnr 一点儿 조금, 약간 (diǎn+er)

1. 3성의 성조 변화

(1) 3성이 연이어 오면 앞의 글자는 2성으로 변해요.

shuǐguǒ / ∨ 水果 과일

zhǎnlǎn / ∨ 展览 전시

(2) 3성인 글자가 3개 연속으로 올 때는 어떻게 끊느냐가 중요해요.

展览/馆 zhǎnlǎn /guǎn → / ∨ ∨ → / / ∨ (성조 변화를 나타낸 표시임)

我/请你 Wǒ / qǐng nǐ → ∨ / ∨ (성조 변화를 나타낸 표시임)

2. 3성 글자가 1, 2, 4성, 경성 글자와 만날 때 3성은 내려가는 부분만 발음(반3성)

lǎoshī 老师 선생님

wǎngqiú 网球 테니스

lǐwù 礼物 선물

3. 4성 글자가 연달아 올 때 두 번째 글자를 조금 길게 발음

zàijiàn 再见 안녕!
huìhuà 会话 회화

4. 不의 성조 변화

不의 성조 변화 (PART 1. 생생회화 03 P.30 참조)

경성 발음

1. 조사

来了 lái le 왔다
对吗? duì ma? 맞아요?
看过 kàn guo 본 적 있어요
笑着 xiào zhe 웃으면서

2. 구조조사

好的 hǎo de 좋아요!
小的 xiǎo de 작은 것

3. 접미사

我们 wǒmen 우리들
椅子 yǐzi 의자

4. 같은 글자가 중복될 때

爸爸 bàba 아빠
妈妈 māma 엄마

중국어는 '성모+운모'의 발음이 같아도 성조가 다르면 성조에 따라 다른 의미의 글자가 된다는 이야기가 있어요. ma 음을 예로 들어볼까요?

mā 妈 (엄마)
má 麻 (마, 견)
mǎ 马 (말)
mà 骂 (욕하다)
ma (경성) 吗 (˜합니까? : 의문조사)

妈妈骑马，马慢，妈妈骂马。

Māma qí mǎ mǎ màn māma mà mǎ.

엄마가 말을 모는데 말이 천천히 가니 엄마가 말을 나무란다.

妈妈 māma 엄마　骑 qí 몰다　马 mǎ 말　慢 màn 느리다　骂 mà 욕하다

중국어는 비록 발음이 같아도 성조에 따라 각기 다른 뜻글자로 변하지만 단어 또는 문장 전후의 연관성을 통해 단어의 의미를 파악하므로 단어의 의미가 혼동되지는 않는답니다.

PART 01 인사하기 你好!

여기야 여기!
이집 짜장면이
죽인다구.

회화포인트

1. 처음 만난 사람과 인사하기
2. 다양한 인사 표현

문법포인트

1. 중국어의 어순
2. 동사 술어문
3. 형용사 술어문
4. 습관적으로 쓰이는 부사 很

생생회화 01

A: **你好!**
 Nǐ hǎo!   니 하오   안녕하세요!

B: **你好!**
 Nǐ hǎo!   니 하오   안녕하세요!

단어

你 [nǐ] 때 너, 당신

好 [hǎo] 형 좋다

보충단어

你们 [nǐmen] 때 너희들, 당신들

大家 [dàjiā] 때 여러분

老师 [lǎoshī] 명 교사, 선생님

보충단어

早上 [zǎoshang] 명 아침

中午 [zhōngwǔ] 명 점심

晚上 [wǎnshang] 명 저녁

안녕! 안녕하세요!

언제, 어디서, 누구를 만나든 중국어로 인사할 때는 무조건 "니 하오!"라고 인사합니다. 문장 구성은 你 nǐ(너, 당신) +好 hǎo(좋다, 안녕하다)와 같아요.

한 사람에게 인사할 때는 "你好! 니 하오!"라고 하고요, 많은 사람들 앞에서 인사할 때는 你 nǐ(너, 당신) 대신 복수형인 你们 nǐmen(너희들, 당신들)이나 大家 dàjiā(여러분)란 인칭대명사를 사용합니다.

A: **老师好! Lǎoshī hǎo!**   선생님 안녕하세요!

B: **大家好! Dàjiā hǎo!**   여러분 안녕하세요!

시간별 다양한 인사말

아침 인사 :	**早上好! Zǎoshang hǎo!**	굿 모닝!
점심 인사 :	**中午好! Zhōngwǔ hǎo!**	굿 애프터눈!
저녁 인사:	**晚上好! Wǎnshang hǎo!**	굿 이브닝!
잠 잘 때 인사:	**晚安! Wǎn'ān**	안녕히 주무세요!

격음부호

격음부호란 모음으로 끝나는 음절과 모음 a, o, e로 시작하는 음절 사이에 음의 구분을 위해 ' 부호를 붙이는 것을 말합니다.

高尔夫球	gāo'ěrfūqiú	골프
可爱	kě'ài	귀엽다
晚安!	Wǎn'ān	안녕히 주무세요!
天安门	Tiān'ānmén	천안문

생생회화 02

A: 왕 셴 셩　닌 하오
王先生, 您好!
Wáng xiānsheng, Nín hǎo!
왕 선생님, 안녕하세요!

B: 런 스 니　헌 가오 싱
认识你, 很高兴。
Rènshi nǐ, hěn gāoxìng.
만나서 반갑습니다.

단어 

王 [Wáng] 때 왕씨 성

先生 [xiānsheng] 몡 선생님
(남성에 대한 존칭)

您 [nín] 때 당신 (2인칭 극존칭)

认识 [rènshi] 통 알다

很 [hěn] 뮈 매우

高兴 [gāoxìng] 혱 기쁘다

극존칭으로 인사하기

인사할 때 이름이나 호칭을 붙여서 말하면 친밀감이 100% 상승합니다. 존댓말이 없는 중국어에서 您은 유일한 2인칭 극존칭 인칭대명사인데요, 您을 사용해 인사하면 예의바르다는 인상을 상대에게 심어줄 수 있겠죠?

A: 王先生, 您好! Wáng xiānsheng, Nín hǎo! 왕 선생님, 안녕하세요!

B: 郑老师, 您好! Zhèng lǎoshī, Nín hǎo! 정 선생님, 안녕하세요!

만나서 반갑습니다

초면에 만난 사람에게 이렇게 인사해 볼까요?

A: 认识你, 很高兴。 Rènshi nǐ, hěn gāoxìng. 만나서 반갑습니다.

B: 很高兴, 认识你。 Hěn gāoxìng, rènshi nǐ. 만나서 반갑습니다.

이 문장은 '我 wǒ 나'가 생략된 동사 술어문과 형용사 술어문이 결합된 문장 구조입니다.
我 주어+认识 동사+你 목적어 (동사 술어문)
我 주어+很高兴 형용사 (형용사 술어문)

 생생회화 03

> 니 하오 마
> A: **你好吗?**　　　잘 지내시죠?
> 　　Nǐ hǎo ma?
>
> 워 헌 하오　세 세
> B: **我很好。谢谢!**　　전 잘 지내요. 감사합니다.
> 　　Wǒ hěn hǎo. Xièxie!

단어 🔊

吗 [ma] ㊈ 평서문 끝에 쓰여
의문을 나타내는 어기조사

我 [wǒ] ㈛ 나

谢谢 [Xièxie] ㊌ 고맙습니다

잘 지내시죠?

"你好吗?"는 서로 잘 알고 있는 사람들끼리 안부를 묻는 인사말이에요. 우리말
인사말인 "안녕하세요?"로 여겨서 처음 만난 중국 사람에게 이렇게 인사하면 안 돼요.

	단수	복수
1인칭	我 wǒ 나	我们 wǒmen 우리들
2인칭	你 nǐ 너, 당신 您 nín 당신	你们 nǐmen 당신들 您们 (×)
3인칭	他 tā 그 她 tā 그녀 它 tā 그것(무생물)	他们 tāmen 그들 她们 tāmen 그녀들 它们 tāmen 그것들

 안부 묻기

주어+好吗?의 형식으로 안부를 다양하게 물을 수 있어요.

> A: 他好吗? Tā hǎo ma?　　그 사람 잘 있어요?
> B: 他很好。Tā hěn hǎo.　　그는 잘 지내요.

> A: 你身体好吗? Nǐ shēntǐ hǎo ma?　　당신 건강은 어떠세요?
> B: 很好。谢谢! Hěn hǎo. Xièxie!　　아주 좋아요. 감사합니다.

托福 [tuō fú] ⑧ 덕을 입다,
신세를 지다

久 [jiǔ] ⑨ 오래

不 [bù] ⑨ ~하지 않다

见 [jiàn] ⑧ 만나다

身体 [shēntǐ] ⑲ 신체, 건강

用 [yòng] ⑧ 쓰다, 사용하다

TIP

덕분에 잘 있습니다.

'어떻게 지내십니까?'의 답변으로 '덕분에 잘 있습니다'라고도 말할 수 있어요.
중국어로는 '托您的福' 라고 합니다.

A :	你好吗? Nǐ hǎo ma?	잘 지내요?
B :	托您的福, 很好。Tuō nín de fú, hěn hǎo.	덕분에 잘 지냅니다.

다양한 인사말

好久不见! Hǎo jiǔ bújiàn!		오랜만입니다.
你身体好吗? Nǐ shēntǐ hǎo ma?		건강은 좋으시죠?
再见! Zàijiàn!		또 봐요! 안녕히 계세요!

A :	好久不见! Hǎo jiǔ bújiàn!	오랜만입니다.
B :	好久不见! Hǎo jiǔ bújiàn!	오랜만입니다.

A :	你身体好吗? Nǐ shēntǐ hǎo ma?	건강은 좋으시죠?
B :	很好。谢谢! Hěn hǎo. Xièxie!	아주 좋아요. 감사합니다.

A :	谢谢! Xièxie	감사합니다!
B :	不客气! Búkèqi!	천만에요, 별말씀을요.

TIP

不客气! Bú kèqi!

본문처럼 谢谢에 대한 답례의 표현으로 不客气는 '천만에요, 별말씀을요'라는 뜻으로
쓰입니다. 客气는 원래 '예의가 바르다, 겸손하다'는 뜻입니다. 谢谢에 대한 또 다른
답례의 표현으로는 不谢 búxiè, 不用谢 búyòngxiè가 있습니다.

A :	再见! Zàijiàn!	또 봐요! (안녕히 계세요!)
B :	再见! Zàijiàn!	또 봐요! (안녕히 계세요!)

新 [xīn] 혱 새롭다

吃 [chī] 됭 먹다

忙 [máng] 혱 바쁘다

行 [xíng] 혱 좋다, 괜찮다

认识 [rènshi] 됭 알다, 인식하다

饿 [è] 혱 배고프다

TIP

不의 성조 변화

술어를 부정하려면 술어 앞에 不를 쓰면 되는데요. 不는 다음에 오는 글자의 성조에 따라 성조가 달라져요.

1, 2, 3성 앞에서는 4성으로 읽어 주세요.

1성 앞 : bù xīn 不新 새것이 아니다 bù chī 不吃 먹지 않다
2성 앞 : bù máng 不忙 바쁘지 않다 bù xíng 不行 안돼요
3성 앞 : bù hǎo 不好 나쁘다, 싫다

4성 글자가 오면 2성으로 읽어야 하고 不가 글자 사이에 온다면 경성으로 발음해요.

4성 앞 : bú rènshi 不认识 (사람을) 잘 모르다 bú è 不饿 배고프지 않다
bú jiàn 不见 만나지 않다

글자 사이 : è bu è? 饿不饿? 배고파요?

01 중국어의 어순(주어+술어+목적어)

중국어에서 술어란 주어가 무엇을 하는지 어떤 상태인지 서술해주는 성분이고 주로 동사나 형용사가
사용됩니다. 중국어의 어순은 주어가 앞에 놓이고 술어가 뒤에 오는 '주어+술어'의 형식으로 이루어집니다.
우리말과 달리 영어처럼 목적어는 술어에 대한 설명 뒤에 놓입니다.

주어+술어	你好! Nǐ hǎo!	안녕하세요.
	我很累。Wǒ hěn lèi.	나는 피곤합니다.
주어+술어+목적어	我吃饭。Wǒ chī fàn.	나는 밥을 먹어요.
	我学习汉语。Wǒ xuéxí Hànyǔ.	나는 중국어를 공부합니다.

累 [lèi] 힘들다　吃 [chī] 먹다　饭 [fàn] 밥　学习 [xuéxí] 공부하다　汉语 [Hànyǔ] 중국어

02 동사 술어문

'나는 밥을 먹는다'와 같이 우리말은 '주어+목적어+동사' 형식으로 이루어져 있지만, 중국어의 기본 문법 순서는
'주어+동사+목적어'입니다. 이처럼 동사가 술어의 주요성분이 되는 문장을 동사 술어문이라고 한답니다.

긍정문	주어+동사+목적어	我认识你。Wǒ rènshi nǐ.	나는 당신을 알아요.
부정문	주어+不+동사+목적어	我不认识你。Wǒ bú rènshi nǐ.	나는 당신을 몰라요.
의문문	주어+동사+吗?	你认识我吗? Nǐ rènshi wǒ ma? 저를 아세요?

03 형용사 술어문

'나는 기쁘다'와 같이 술어 부분이 동사가 아닌 형용사로 이루어진 문장을 말하며, 형용사 앞에는 대부분 부사 很
hěn (매우)을 붙여서 말합니다.

긍정문	주어+很+형용사	我很高兴。Wǒ hěn gāoxìng.	나는 기쁩니다.
부정문	주어+不+형용사	我不高兴。Wǒ bù gāoxìng.	나는 기분이 나빠요.
의문문	주어+형용사+吗?	你高兴吗? Nǐ gāoxìng ma?	기분 좋아요?

04 습관적으로 쓰이는 부사 很

형용사 술어문에서 很 hěn에 대한 얘기가 나왔죠? 很은 형용사 앞에 습관적으로 붙이는 부사로 강조의 의미가
있는 것이 아니라 중국 사람들은 꼭 습관적으로 很을 형용사 앞에 붙여 말해요.

我很好。Wǒ hěn hǎo.	저는 잘 지내요.
她很漂亮。Tā hěn pàoliang.	그녀는 예쁩니다.

A :
니 하오
你好!
Nǐ hǎo!

B :
니 하오
你好!
Nǐ hǎo!

A :
왕 셴 셩　닌 하오
王先生. 您好!
Wáng xiānsheng. Nín hǎo!

B :
런 스 니　헌 가오 싱
认识你. 很高兴。
Rènshi nǐ. hěn gāoxìng.

A :
니 하오 마
你好吗?
Nǐ hǎo ma?

B :
워 헌 하오　세 셰
我很好。谢谢!
Wǒ hěn hǎo. Xièxie!

A :　안녕하세요!

B :　안녕하세요!

A :　왕 선생님, 안녕하세요!

B :　만나서 반갑습니다.

A :　잘 지내시죠?

B :　전 잘 지내요. 감사합니다.

문화 TIP 중국의 식사 에티켓

중국의 식사는 보통 원형 테이블 위에 요리가 올라가고 개인 접시나 그릇이 있어 원하는 양을 각자가 덜어 먹는 식으로 진행됩니다. 배려 차원에서 옆 사람에게 요리를 덜어준다면 당신은 상당히 예의 있는 사람으로 비춰질 것입니다.

중국 사람들은 식사 시 양손을 모두 동원합니다. 왼손엔 밥그릇을 입가에 받쳐 들고 오른손으로 젓가락질을 하며 밥을 먹습니다. 또 중국에서 국은 모든 요리를 다 먹은 다음에 마지막으로 먹습니다.

만약 식탁에 생선 요리가 있다면 생선을 뒤집지 말아야 합니다. 또 초대받은 자리에서 음식을 싹싹~남김없이 먹는 것도 중국 식사 예의에 어긋납니다.

문제풀기로 **실력다지기**

01 괄호 안에 들어갈 단어를 [보기]에서 고르세요.

보기

A 再　　　　B 很　　　　C 不　　　　D 吗　　　　E 好

1) 你(　　)!　　　　　　　　안녕하세요!

2) (　　)见!　　　　　　　　또 봐요!(안녕히 계세요)

3) 我(　　)好。　　　　　　　나는 잘 지내요.

4) (　　)久(　　)见!　　　　오랜만입니다!

5) 你身体好(　　)?　　　　　건강은 좋으시죠?

02 단어에 해당하는 한어병음을 [보기]에서 고르세요.

보기

A nǐhǎo　　　B nǐmen　　　C zàijiàn　　　D gāoxìng　　　E xièxie

1) 你好

2) 谢谢

3) 再见

4) 高兴

5) 你们

认识 rènshi	認識 알다, 인식하다	认识	认识	
兴 xìng	興 일 흥 흥미, 흥취	兴	兴	兴 兴
谢 xiè	謝 사례할 사 사직하다, 사퇴하다	谢	谢	谢 谢
见 jiàn	見 볼 견 보(이)다; 마주치다, 만나다	见	见	见 见

이름과 소개 您贵姓?

너무 비싼 거 아니야.
맛있겠다.

회화포인트

1. 이름 묻고 답하는 표현
2. 품격 있는 자기소개

문법포인트

1. 是자문
2. 구조조사 的

생생회화 01

A: 닌 구이 싱
您贵姓?
Nín guì xìng?

성함이 어떻게 되세요?

B: 워 싱 리, 자오 샤오 룽
我姓李, 叫小龙。
Wǒ xìng Lǐ, jiào xiǎo lóng.

제 성은 이씨고요,
이름은 소룡입니다.

단어

您 [nín] 때 당신 (2인칭 극존칭)

贵姓 [guìxìng] 몡 성함

姓 [xìng] 몡 성, 성씨

叫 [jiào] 용 (이름이) ~라고 불리다

李小龙 [Lǐ xiǎolóng] 몡 이소룡

보충단어

王 [wáng] 때 왕(성씨)

赵 [Zhào] 때 조(성씨)

성함이 어떻게 되세요?

您贵姓? Nín guì xìng?은 처음 만난 사람에게 예의를 갖추어 상대의 이름을 물을 때 사용하는 표현입니다. 비즈니스와 같은 공식적인 자리에서라면 이렇게 이름을 묻는 것이 가장 좋아요. 이름을 답할 때는 성만 이야기하거나 전체 이름을 다 말하면 됩니다.

대답으로는 '我姓+성,이름'으로 하며, '我贵姓+성,이름'라고 해서는 안 됩니다. 성만 말해도 되고 성과 이름을 다 말해도 됩니다.

A: 您贵姓? Nín guì xìng? 성함이 어떻게 되세요?

B: 我姓王。Wǒ xìng Wáng. 제 성은 왕입니다.

A: 他姓什么? Tā xìng shénme? 그의 성은 무엇입니까?

B: 他姓赵。Tā xìng Zhào. 그의 성은 조 씨입니다.

이름이 뭐예요?

이름을 물을 때도 중국어의 기본 어순인 주어+동사+목적어 패턴이 적용돼요. 다만 의문문이므로 의문대사 什么 shénme (무엇)이 쓰이죠. 什么는 술어 뒤에 단독으로 쓰여 '무엇'이라는 뜻의 명사적 용법과, 명사 앞에서 명사를 수식하며 '무슨, 어떤'이라는 뜻의 형용사적 용법으로 쓰입니다.

명사적 용법 : 주어+술어+什么?

你叫什么? Nǐ jiào shénme? 이름이 뭐예요?

你的名字叫什么? Nǐ de míngzi jiào shénme? 이름이 뭐예요?

형용사적 용법 : 주어+술어+什么+명사?

你叫什么名字? Nǐ jiào shénme míngzi?　　　　　이름이 뭐예요?

이런 의문명사의 어순은 평서문과 동일하며 의문문이라도 문장 끝에 吗가 오지 않습니다. 비즈니스가 아닌 사석에서 가볍게 이름을 묻는 표현이죠.

 ## 자기 이름을 소개할 때

이름을 말할 때도 주어+동사+목적어 패턴이죠.

我 wǒ(나) + 叫 jiào(~라고 불리다) + 이름
我 wǒ(나) + 是 shì(~은 …이다) + 이름

보충단어 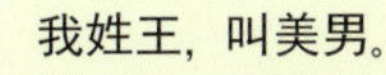

什么 [shénme] 때 무엇, 어떤
名字 [míngzi] 명 이름
是 [shì] 통 ~은 …이다
王美男 [Wáng měinán] 명 왕미남

A :　你叫什么? Nǐ jiào shénme?　　　　　이름이 뭐예요?
B :　我叫王美男。Wǒ jiào Wáng měinán.　　저는 왕미남이라고 해요.

A :　你叫什么名字? Nǐ jiào shénme míngzi?　당신의 이름은 무엇입니까?
B :　我是王美男。Wǒ shì Wáng měinán.　　저는 왕미남입니다.

 ## 이름을 말할 때는 이렇게!

'我叫+이름' 또는 '我是+이름'하면 될 것을, 가끔 중국 사람들은 성과 이름을 따로 떼어 '我姓+성씨, 叫+이름'으로 말하기도 합니다.

我姓王, 叫美男。　　　　　　　제 성은 왕이고요, 이름은 미남입니다.
Wǒ xìng Wáng, jiào měinán.

생생회화
02

A: 주 양 주 양
久仰久仰。
Jiǔyǎng jiǔyǎng.
처음 뵙겠습니다.

B: 저 스 워 더 밍 폔
这是我的名片。
Zhè shì wǒ de míngpiàn.
제 명함입니다.

단어

久 [jiǔ] 魯 오래
仰 [yǎng] 動 우러러 보다
这 [zhè] 代 이
的 [de] 助 ~의, ~한
名片 [míngpiàn] 名 명함

보충단어

初 [chū] 魯 처음
次 [cì] 量 번(횟수)
见面 [jiànmiàn] 動 만나다

처음 뵙겠습니다.

久仰久仰! Jiǔyǎng jiǔyǎng!		처음 뵙겠습니다!
初次见面! Chū cì jiànmiàn!		처음 뵙겠습니다!

初次见面 글자 그대로 '처음 뵙겠습니다'의 뜻을, 久仰久仰에는 '오랫동안 뵙기만을 학수고대 했습니다'의 뜻이 담겨있죠.

是자문

是는 판단을 나타내는 동사로 '~은 …이다'의 뜻을 나타내고, 뒤에는 명사가 와야 해요.

这是名片。Zhè shì míngpiàn.		이것은 명함입니다.
我是王美男。Wǒ shì Wáng měinán.		저는 왕미남입니다.

워 라이 제 사오 이 샤

A: 我来介绍一下。 제가 소개 좀 할게요.
Wǒ lái jièshào yí xià.

타 스 워 더 퉁 스

B: 他是我的同事。 그는 제 직장 동료입니다.
Tā shì wǒ de tóngshì.

단어 

来 [lái] 동 동사 앞에서 쓰여 적극성을 나타냄

介绍 [jièshào] 동 소개하다

一下 [yíxià] 양 ~을 좀 하다

同事 [tóngshì] 명 직장 동료

보충단어

请客 [qǐngkè] 동 한턱내다

看 [kàn] 동 보다

说明 [shuōmíng] 동 설명하다

적극적으로 말해요!

말에서 적극성을 표현하고 싶을 땐 무조건 동사 앞에 来를 붙이면 끝이죠.

(1) 来 + 동사 : 말하는 사람의 적극성을 나타냄

我来介绍一下。 Wǒ lái jièshào yíxià. 제가 소개 좀 할게요.

我来请客。 Wǒ lái qǐngkè. 제가 한 턱 낼게요.

(2) 동사 + 一下 : ~ 좀 할게요.

我看一下。 Wǒ kàn yíxià. 제가 좀 볼게요.

你说明一下。 Nǐ shuōmíng yíxià. 당신이 설명을 좀 해보세요.

TIP 同으로 시작하는 주변인들

同学 tóngxué 반 친구 同事 tóngshì 직장 동료

同屋 tóngwū 기숙사 룸메이트

01 是자문

동사 是가 술어로 쓰인 문장을 是자문이라고 합니다. 是는 판단을 나타내는 동사로 '～은 ～이다'의 뜻으로 쓰입니다. 이때 주어와 목적어는 동일하거나 주어가 목적어에 속하게 됩니다.

(1) 긍정문

这是我的名片。Zhè shì wǒ de míngpiàn.	이것은 제 명함입니다.
他是我的同事。Tā shì wǒ de tóngshì.	그는 제 직장 동료입니다.
他是韩国人。Tā shì Hánguó rén.	그는 한국인입니다.

(2) 부정문

这不是我的名片。Zhè búshì wǒ de míngpiàn.	이것은 제 명함이 아닙니다.
他不是我的同事。Tā bú shì wǒ de tóngshì.	그는 제 직장 동료가 아닙니다.
他不是韩国人。Tā bú shì Hánguó rén.	그는 한국인이 아닙니다.

(3) 의문문

这是你的名片吗? Zhè shì nǐ de míngpiàn ma? 这是不是你的名片? Zhè shìbushì nǐ de míngpiàn?	이것이 당신 명함입니까?
他是你的同事吗? Tā shì nǐ de tóngshì ma? 他是不是你的同事? Tā shìbushì nǐ de tóngshì?	그는 당신의 동료입니까?
他是韩国人吗? Tā shì Hánguó rén ma? 他是不是韩国人? Tā shìbushì Hánguó rén?	그는 한국인입니까?

是不是 shì bu shì에서 不가 글자 사이에 끼어 있을 때는 경성으로 발음해요.

 구조조사 的

구조조사 的는 한정어와 중심어 사이에 놓여 종속 관계나 수식 관계를 나타내며, '~의' 나 '~한'의 뜻으로 쓰입니다.

我的同事	wǒ de tóngshì	나의 동료
我的老师	wǒ de laǒshī	나의 선생님
她的书	tā de shū	그녀의 책

인칭대명사(我, 你, 他, 她 …)가 한정어로 오고 중심어가 친족이나 친구 또는 소속 기관이나 단체일 경우 的은 생략할 수 있습니다.

他爸爸	tā bàba	그의 아버지
我朋友	wǒ péngyou	나의 친구
她学校	tā xuéxiào	그녀의 학교

또한, 수식어가 중심어의 성질을 설명할 경우에도 일반적으로 的를 쓰지 않습니다.

汉语书	Hànyǔ shū	중국어 책
韩国人	Hánguó rén	한국사람

书 [shū] 책　学校 [xuéxiào] 학교　韩国 [Hánguó] 한국　人 [rén] 사람

 전체대화문 

A :
닌 구이 싱
您贵姓?
Nín guì xìng?

B :
워 싱 리, 자오 샤오 룽
我姓李, 叫小龙。
Wǒ xìng Lǐ, jiào xiǎo lóng

A :
주 양 주 양
久仰久仰!
Jiǔyǎng jiǔyǎng.

B :
저 스 워 더 밍펜
这是我的名片。
Zhè shì wǒ de míngpiàn.

C :
워 라이 제샤오 이 샤　　　타 스 워 더 통 스
我来介绍一下。　他是我的同事。
Wǒ lái jièshào yíxià.　Tā shì wǒ de tóngshì.

A : 성함이 어떻게 되세요?

B : 제 성은 이씨고요, 이름은 소룡입니다.

A : 처음 뵙겠습니다.

B : 제 명함입니다.

C : 제가 소개 좀 할게요. 그는 제 직장 동료입니다.

중국 사람들은 우리와 달리 술잔을 돌리지 않습니다. 중국에는 우리처럼 술잔을 돌리는 문화가 없습니다.

우리는 잔을 다 비운 다음에 술을 따르지만, 중국에서는 첨잔을 하나의 예의로 여깁니다. 물론 상대가 잔을 다 비운 다음 술을 잔 가득 따라주는 것은 우리나라와 같습니다만 술이 잔에 남아 있어도 계속 잔을 가득 채우는 첨잔을 하여 그 사람에 대한 배려를 표현하는 것 또한 하나의 술자리 예의랍니다.

건배할 때 잔의 높이는 상대보다 낮게 해야 하며 첫잔은 무조건 건배 원 샷으로!

문제풀기로 **실력다지기**

01 괄호 안에 들어갈 단어를 [보기]에서 고르세요.

보기

A 的 B 是 C 您 D 什么 E 一下

1) 他(　　)我的同事。　　　그는 제 직장 동료입니다.

2) 我来介绍(　　)。　　　제가 소개 좀 할게요.

3) (　　)贵姓?　　　성함이 어떻게 되세요?

4) 这是我(　　)名片。　　　제 명함입니다.

5) 你叫(　　)名字?　　　이름이 뭐예요?

02 단어에 해당하는 한어병음을 [보기]에서 고르세요.

보기

A míngzi B dōngxi C jiǔyǎng D tóngshì E míngpiàn

1) 名片

2) 名字

3) 东西

4) 久仰

5) 同事

贵 guì	貴 귀할 **귀** (가격이나 가치가) 높다, 비싸다	贵	贵	贵	贵
龙 lóng	龍 용 **룡** 용	龙	龙	龙	龙
么 me	麼 작을 **요**, 작을 **마** 지시 대명사 · 의문 대명사 · 부사 뒤에 쓰임	么	么	么	么
这 zhè	這 이 **저** 이것, 이	这	这	这	这
来 lái	來 올 **래**, 올 **내** 오다	来	来	来	来
东 dōng	東 동녘 **동** 동쪽	东	东	东	东

PART 03

숫자와 시간 现在几点?

회화포인트

1. 시간 묻고 답하기
2. 숫자 읽는 법
3. 다양한 시간 표현

문법포인트

형용사 술어문
1. 긍정문
2. 부정문
3. 의문문

A: 셴 짜이 지 뎬
现在几点? 지금 몇 시예요?
Xiànzài jǐ diǎn?

B: 량 뎬 이 커
两点一刻。 2시 15분.
Liǎng diǎn yíkè.

단어

现在 [xiànzài] 명 지금
几 [jǐ] 수 몇
点 [diǎn] 양 시
两 [liǎng] 수 둘
一刻 [yíkè] 명 15분

 ## 시간을 묻는 다양한 표현

几点? Jǐ diǎn? 　　　　　　몇 시예요?

几点了? Jǐ diǎn le? 　　　　　몇 시나 됐죠?

现在几点? Xiànzài jǐ diǎn? 　　지금 몇 시죠?

现在几点了 Xiànzài jǐ diǎn le? 　지금 몇 시나 됐죠?

 ## 숫자 읽기

 1 一 yī

 2 二 èr

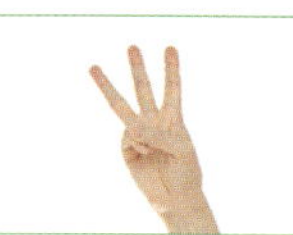 3 三 sān

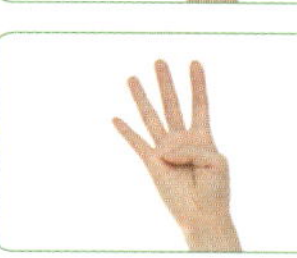 4 四 sì

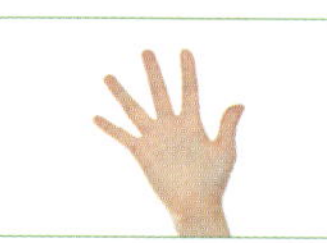 5 五 wǔ

 6 六 liù

 7 七 qī

 8 八 bā

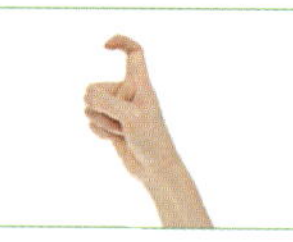 9 九 jiǔ

 10 十 shí

 **11~100**

11	十一	shí yī
12	十二	shí èr
13	十三	shí sān
14	十四	shí sì
15	十五	shí wǔ
16	十六	shí liù
17	十七	shí qī
18	十八	shí bā
19	十九	shí jiǔ
20	二十	èr shí
99	九十九	jiǔ shí jiǔ
100	一百	yì bǎi

 **101~1000**

101	一百零一	yì bǎi líng yī
102	一百零二	yì bǎi líng èr
110	一百一(十)	yì bǎi yī (shí)
111	一百一十一	yì bǎi yī shí yī
112	一百一十二	yì bǎi yī shí èr
1000	一千	yì qiān

 **TIP**

1을 yāo로 발음하는 경우

숫자 1 yī 는 7 qī와 혼동되기 쉬워요. 그래서 전화번호나 방 번호, 자동차 번호를 말할 때 숫자 1 yī를 yāo로 발음한답니다.

생생회화 02

A:
워 먼 지 뎬 츠 판
我们几点吃饭?
Wǒmen jǐ diǎn chī fàn?

우리 몇 시에 밥 먹어요?

B:
우 뎬 반
五点半。
Wǔ diǎn bàn.

다섯 시 반에.

단어 

我们 [wǒmen] 때 우리들
吃 [chī] 동 먹다
饭 [fàn] 명 밥

시간 읽기

시 点 diǎn
분 分 fēn
모자라다 差 chà

15분	十五分	shí wǔ fēn,	一刻	yíkè
30분	三十分	sān shí fēn,	半	bàn
45분	四十五分	sì shí wǔ fēn,	三刻	sān kè

1시 5분	一点五分	yì diǎn wǔ fēn
2시	两点	liǎng diǎn
2시 30분	两点三十分	liǎng diǎn sān shí fēn
	两点半	liǎng diǎn bàn
3시 30분	三点三十分	sān diǎn sān shí fēn
	三点半	sān diǎn bàn
5시 45분	五点四十五分	wǔ diǎn sì shí wǔ fēn
	五点三刻	wǔ diǎn sān kè
8시 55분	八点五十五分	bā diǎn wǔ shí wǔ fēn
9시 5분전	差五分九点	chà wǔ fēn jiǔ diǎn

(*差+分+点의 순서로 표현)

12시	十二点	shí èr diǎn
12시 45분	十二点四十五分	shí èr diǎn sì shí wǔ fēn
	十二点三刻	shí èr diǎn sān kè
1시 15분전	差一刻一点	chà yí kè yī diǎn

二와 两

二 èr과 两 liǎng은 모두 숫자를 뜻하지만 쓰임새는 달라요.
二은 第一 dì yī(첫째), 第二 dì èr(둘째)와 같이 순서를 나타낼 때에 쓰이며, 两은 一个 yí ge(한 개), 两个 liǎng gc(두 개)와 같이 수량을 셀 때 쓰입니다. 양사 앞에서는 일반적으로 两을 써야 합니다.

两本词典 liǎng běn cídiǎn	사전 두 권
两个人 liǎng ge rén	두 사람
两个苹果 liǎng ge píngguǒ	사과 두 개
现在两点。Xiànzài liǎng diǎn.	지금 두 시예요.

보충단어 

词典 [cídiǎn] 몡 사전
个 [ge] 양 개
人 [rén] 몡 사람
苹果 [píngguǒ] 몡 사과

一 yī 의 성조 변화

숫자로 쓰일 때는 1성으로

一 二 yī èr	하나 둘(구호) !

一 다음에 1,2,3성이 오면 4성으로

一天 yì tiān	하루
一年 yì nián	일 년
一起 yì qǐ	함께

4성이나 경성이 오면 2성으로 읽어요!

一下 yí xià	～좀 하다
一刻 yí kè	15분
一个 yí ge	한 개

 생생회화 03

A: 你饿吗?
니 어 마
Nǐ è ma?

배고파요?

B: 我现在不饿。
워 셴 짜이 부 어
Wǒ xiànzài bú è.

지금은 배가 안 고파요.

단어

饿 [è] ⑧ 배고프다, 굶주리다

不 [bù] ⑨ 아니다

보충단어

累 [lèi] ⑲ 피곤하다

喝 [hē] ⑧ 마시다

酒 [jiǔ] ⑱ 술

学习 [xuéxí] ⑧ 공부하다

정반의문문

긍정과 부정의 의문문을 정반의문문이라고 하는데요, ~吗?와 뜻은 같은데 표현 방법만 다를 뿐이랍니다.

你饿吗? Nǐ è ma?	배고프니?
你饿不饿? Nǐ è bu è?	배고프니, 안고프니?
你去吗? Nǐ qù ma?	가세요?
你去不去? Nǐ qù bu qù?	가니, 안가니?

중국어에는 존댓말이 없어요.

우리말로 번역할 때는 그때그때 상황에 맞게 번역하는 순발력이 필요하죠.

 동사나 형용사를 부정할 때 쓰는 부정부사 不

不는 동사나 형용사 앞에 쓰여 동작이나 상태, 성질을 부정합니다.

我现在不饿。Wǒ xiànzài bú è.	나는 지금 배가 안 고파요. (상태를 부정)
我现在不累。Wǒ xiànzài bú lèi.	지금은 안 힘들어요. (상태를 부정)
我不喝酒。Wǒ bù hē jiǔ.	나는 술을 안 마셔요. (동작을 부정)
他不学习。Tā bù xuéxí.	그는 공부를 하지 않아요. (동작을 부정)

 문법포인트

형용사 술어문

'형용사 술어문'이란 형용사가 술어로 쓰인 문장을 말해요.

(1) 긍정문 (주어+很+형용사)
이때 很은 의미가 있기보다는 관용적으로 쓰인 것이라 약하게 발음합니다.

我很饿。Wǒ hěn è.   나는 배가 고파요.

(2) 부정문 (주어+不+형용사)
형용사 앞에 很대신 不를 붙여줍니다.

我不饿。Wǒ bú è.   나는 배고프지 않아요.

(3) 의문문
①주어+ 술어+吗?

你饿吗？Nǐ è ma?   배고파요?
你高兴吗？Nǐ gāoxìng ma?   기뻐요?

②긍정+부정 형식을 합쳐 만든 정반의문문
2음절의 형용사로 정반의문문을 만들려면 AB不AB? 또는 A不AB?로 표현합니다.

你高兴不高兴？Nǐ gāoxìng bu gāoxìng?   기뻐요?
你高不高兴？Nǐ gāo bu gāoxìng?   기뻐요?

A :
센 짜이 지 뎬
现在几点?
Xiànzài jǐ diǎn?

B :
량 뎬 이 커
两点一刻。
Liǎng diǎn yíkè.

A :
워 먼 지 뎬 츠 판
我们几点吃饭?
Wǒmen jǐ diǎn chī fàn?

B :
우 뎬 반
五点半。
Wǔ diǎn bàn.

A :
니 어 마
你饿吗?
Nǐ è ma?

B :
워 셴 자이 부 어
我现在不饿。
Wǒ xiànzài bú è.

A :　지금 몇 시예요?

B :　두 시 15분.

A :　우리 몇 시에 밥 먹어요?

B :　다섯 시 반에.

A :　배고프니?

B :　지금은 배 안 고파요.

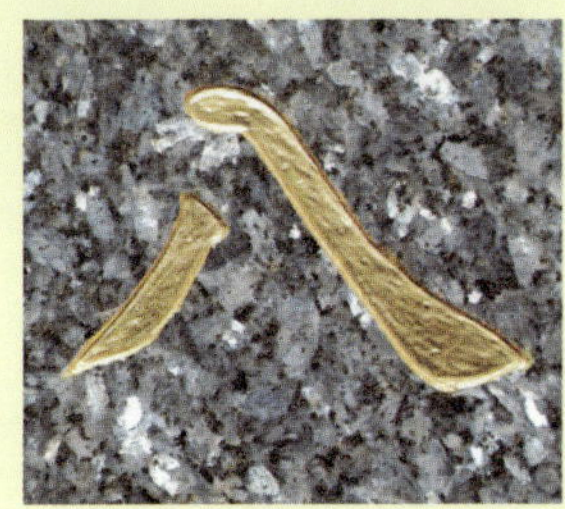

문화 TIP　중국인이 제일 좋아하는 숫자 8

숫자 八 bā는 发(發)fā와 발음이 비슷한데요, 发는 '부자가 되다'라는 뜻의 发财 fācái의 뜻을
갖습니다. 설날에 중국인들은 '恭喜发财 Gōngxǐ fācái(부자 되세요)'라는 덕담을 주고받을 만큼
돈을 많이 벌라는 말은 덕담이 된지 오래입니다. 중국 사람들은 이처럼 8을 좋아해서 번호판에 숫자
8이라는 번호를 넣기 위해 웃돈을 주고 거래까지 할 정도라고 하네요.

01 시계를 보고 정확한 시간을 적으세요.

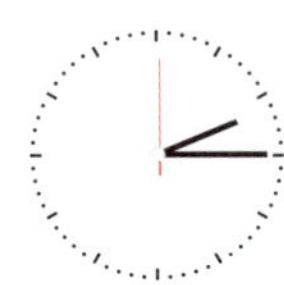

1) 2시 15분

(　　)点(　　)分。

(　　)点(　　)刻。

2) 4시 반

(　　)点(　　)分。

(　　)点(　　)。

3) 8시 50분

(　　)点(　　)分。

差(　　)分(　　)点。

4) 1시 45분

(　　)点(　　)分。

(　　)点(　　)刻。

02 괄호 안에 들어갈 단어를 [보기]에서 고르세요.

보기

A 半	B 不饿	C 吃饭	D 两点	E 差

1) 现在(　　　　)一刻。　　　지금 2시 15분입니다.

2) 我现在(　　　　)。　　　지금은 배 안 고파요.

3) (　　　　)五分九点。　　　9시 5분 전입니다.

4) 现在八点(　　　　)。　　　지금 8시 반입니다.

5) 我们几点(　　　　)?　　　우리 몇 시에 밥 먹어요?

03 단어에 해당하는 한어병음을 [보기]에서 고르세요.

보기

A hěn è	B xiànzài	C yíkè	D jǐdiǎn	E wǒmen

1) 现在　　　2) 我们　　　3) 一刻　　　4) 几点　　　5) 很饿

点 diǎn	點 점**점** 약간. 조금; 지적하다, 가르치다	点	点	点	点
两 liǎng	兩 두**량** 둘	两	两	两	两
们 men	們 들**문** ~ 들	们	们	们	们
饭 fàn	飯 밥**반** 밥; 식사	饭	饭	饭	饭
饿 è	餓 배고플 **아** 배고프다	饿	饿	饿	饿

PART 04

날짜와 요일 今天几号?

회화포인트

1. 날짜와 요일에 대해 묻고 답하기
2. 사과와 감사의 표현

문법포인트

1. 숫자를 묻는 几와 多少
2. 吗를 사용한 의문문
3. 문장에서 시간의 위치

A: 진 톈 지 하오
今天几号?
Jīntiān jǐ hào?

오늘 며칠이지요?

B: 진 톈 싼 하오
今天三号。
Jīntiān sān hào.

오늘은 3일입니다.

단어 

今天 [jīntiān] 몡 오늘
号 [hào] 몡 일

TIP

발음을 이렇게 하세요!

3성+2성은 반3성으로, 3성+3성은 2성+3성으로 성조가 달라졌죠?

你好! Nǐ hǎo!　　안녕하세요!
法国 Fǎguó　　프랑스

그런데 3성이 그 외 성조의 글자와 만날 때는 3성을 내려가는 부분만 읽어줍니다. (반3성)
자연스러운 발음을 위해서랍니다.

(1) 3성+1성
雨衣　yǔyī　우의(비옷)

(2) 3성+2성
法国　Fǎguó　프랑스

(3) 3성+4성
几号?　Jǐ hào?　며칠이죠?

(4) 3성+경성
我们　wǒmen　우리들

날짜 묻고 답하기

구체적인 월과 일이 묻고 싶다면 이렇게 질문할 수 있어요.

A: 今天几月几号? Jīntiān jǐ yuè jǐ hào?　오늘 몇 월 며칠이죠?

B: 今天八月三号。 Jīntiān bā yuè sān hào.　오늘은 8월 3일입니다.

A :	明天几月几号?	Míngtiān jǐ yuè jǐ hào?	내일 몇 월 며칠이죠?
B :	明天八月四号。	Míngtiān bā yuè sì hào.	내일은 8월 4일입니다.

아래 두 문장은 같은 뜻인데요, 시간이나 날짜, 요일 등을 말할 때 중국 사람들은 흔히 是를 생략한답니다.

今天三号。	Jīntiān sān hào.	
今天是三号。	Jīntiān shì sān hào.	오늘은 3일입니다.

그러나 부정문에서는 是를 생략할 수 없어요.

今天不是三号。	Jīntiān búshì sān hào.	오늘은 3일이 아닙니다.

TIP

연도 읽기

연도는 숫자를 하나씩 읽어요!
2015년 2015年 èr líng yī wǔ nián
2020년 2020年 èr líng èr líng nián

생생회화 02

	진 톈 싱 치 지	
A :	**今天星期几?**	오늘은 무슨 요일입니까?
	Jīntiān xīngqī jǐ?	

	진 톈 싱 치 산	
B :	**今天星期三。**	오늘은 수요일입니다.
	Jīntiān xīngqī sān.	

단어

星期 [xīngqī] 몡 요일

요일 표현

월요일부터 토요일은 星期 xīngqī+숫자로 말해요. 요일을 물을 때는 星期几? xīngqī jǐ (무슨 요일입니까?)라고 말해요.

월요일	화요일	수요일	
星期一	**星期二**	**星期三**	
xīngqī yī	xīngqī èr	xīngqī sān	

목요일	금요일	토요일	일요일
星期四	**星期五**	**星期六**	**星期天**
xīngqī sì	xīngqī wǔ	xīngqī liù	xīngqī tiān

요일은 말할 때 星期 xīngqī와 같은 뜻으로 礼拜 lǐbài라는 표현을 쓸 수 있어요. 표현
방법은 星期와 똑같이 뒤에 숫자를 넣어 표현하죠.

星期五 xīngqī wǔ	금요일
礼拜五 lǐbài wǔ	금요일

일요일을 나타내는 말로는 두 가지가 있어요.

星期天 xīngqī tiān	일요일
星期日 xīngqī rì	일요일

시간명사: 년, 월, 주, 일 표기법

前天	昨天	今天	明天	后天
qiántiān	zuótiān	jīntiān	míngtiān	hòutiān
그제	어제	오늘	내일	모레

前年	去年	今年	明年	后年
qiánnián	qùnián	jīnnián	míngnián	hòunián
재작년	작년	올해	내년	내후년

上(个)星期	这(个)星期	下(个)星期
shàng (ge) xīngqī	zhè (ge) xīngqī	xià (ge) xīngqī
지난 주	이번 주	다음 주

上个月	这个月	下个月
shàng ge yuè	zhè ge yuè	xià ge yuè
지난 달	이번 달	다음 달

작년을 중국어로는 昨年(작년)이라고 하지 않고 去年이라고 합니다. 星期를 말할 때 个는 생략할 수도 있고요, 특정요일을 말할 때는 다음과 같이 합니다.

上个星期四	shàng ge xīngqī sì	지난주 목요일
下下个星期四	xià xià ge xīngqī sì	다다음주 목요일

생생회화 03

밍 톈 유 스 젠 마
A: 明天有时间吗?　　　　　　　　　　　내일 시간 있어요?
Míngtiān yǒu shíjiān ma?

헌 바오첸　밍 톈 워 유 설
B: 很抱歉, 明天我有事儿。　　　　　정말 미안해요.
Hěn bàoqiàn,　míngtiān wǒ yǒu　shìr.　　내일 제가 일이 있어요.

단어

明天 [míngtiān] 몡 내일

有 [yǒu] 동 있다, 가지고 있다

时间 [shíjiān] 몡 시간

吗 [ma] 조 평서문 끝에 쓰여 의문을 나타내는 어기조사

抱歉 [bàoqiàn] 동 미안합니다. (사과의 표현)

事(=事儿) [shì(=shìr)] 몡 일

~吗?를 사용해 의문문 만들기

그동안 의문대사를 사용한 의문문을 배웠는데요, 중국어 의문문은 평서문 + 吗? 로 표현합니다.

오늘은 금요일이다. 평서문 + 吗?

今天星期五吗?	Jīntiān xīngqī wǔ ma?	오늘이 금요일입니까?

당신은 영국인이다. 평서문 + 吗?

你是英国人吗?	Nǐ shì Yīngguó rén ma?	당신은 영국 사람입니까?

내일 시간 있습니다. 평서문 + 吗?

明天有时间吗?	Míngtiān yǒu shíjiān ma?	내일 시간 있어요?

사과의 다양한 표현

对不起! Duìbuqǐ!		미안합니다.
很抱歉! Hěn bàoqiàn!		
不好意思! Bù hǎo yìsi!		

A : 对不起! Duìbuqǐ!   죄송해요!

B : 没关系! Méi guānxi!   괜찮아요!

감사의 다양한 표현

谢谢! Xièxie!		감사합니다.
多谢! Duō xiè!		많이 고맙습니다.
非常感谢! Fēicháng gǎnxiè!		굉장히 감사드립니다.

A : 谢谢! Xièxie!   감사합니다.

B : 不客气! Bú kèqi!   별 말씀을요!

01 숫자를 묻는 几와 多少

수량을 물을 때는 几 jǐ와 多少 duōshao를 쓰는데, 10이상의 숫자를 물을 때는 多少(얼마나), 10이하의 숫자를 물을 때는 几(몇)로 질문해요.

现在几点? Xiànzài jǐ diǎn? 　　지금 몇 시예요?

今天星期几? Jīntiān xīngqī jǐ? 　　오늘 무슨 요일이죠?

有多少学生? Yǒu duōshao xuésheng? 　　학생이 얼마나 있죠?

02 吗를 사용한 의문문

(1) 평서문 + 吗? ~ 합니까?

你去中国吗? Nǐ qù Zhōngguó ma? 　　당신은 중국에 갑니까?

你是韩国人吗? Nǐ shì Hánguó rén ma? 　　당신은 한국 사람입니까?

(2) ~吗? 에는 의문 외에 반문의 어감이 있어요.

明天吗? Míngtiān ma? 　　내일이요?

星期五吗? Xīngqī wǔ ma? 　　금요일이요?

03 문장에서 시간의 위치

중국어에서 시간사는 주어 앞이나 뒤에 와요.

我明天去中国。Wǒ míngtiān qù Zhōngguó. 　　나는 내일 중국에 갑니다.

明天我有事儿。Míngtiān wǒ yǒu shìr. 　　내일 나는 일이 있어요.

星期四你忙吗? Xīngqī sì nǐ máng ma? 　　목요일에 바쁘세요?

我们几点吃饭? Wǒmen jǐ diǎn chī fàn? 　　우리 몇 시에 식사해요?

A :
진 톈 지 하오
今天几号?
Jīntiān jǐ hào?

B :
진 톈 싼 하오
今天三号。
Jīntiān sān hào.

A :
진 톈 싱 치 지
今天星期几?
Jīntiānxīng qī jǐ?

B :
진 톈 싱 치 싼
今天星期三。
Jīntiān xīngqī sān.

A :
밍 톈 유 스 젠 마
明天有时间吗?
Míngtiān yǒu shíjiān ma?

B :
헌 바오첸 밍 톈 워 유 설
很抱歉. 明天我有事儿。
Hěn bàoqiàn, míngtiān wǒ yǒu shìr.

A : 오늘 며칠이지요?

B : 오늘은 3일입니다.

A : 오늘은 무슨 요일입니까?

B : 오늘은 수요일입니다.

A : 내일 시간 있어요?

B : 정말 미안해요. 내일 제가 일이 있어요.

문화 TIP 중국인이 좋아하는 숫자 3과 6

三 sān, 중국인들은 숫자 三을 천지인(天地人)이 하나로 결합된 숫자라고 생각합니다. 중국인들은 천지인이 하나가 된 숫자 三을 가장 완벽한 수로 보고 숫자 三에 특별한 의미를 부여하고 있죠.

六 liù, 중국 사람들이 모든 일이 순조롭게 물 흐르는 대로 진행되길 바라면서 즐겨하는 말이 바로 '六六大順 Liùliùdàshùn'인데요, 중국의 속담인 이 말은 '모든 일이 순조롭게 진행된다'는 의미를 갖죠. 六 liù의 발음이 '물 흐르듯이 일이 술술 잘 진행된다'라는 의미의 流 liú와 발음이 비슷하기 때문입니다.

문제풀기로 **실력다지기**

01 괄호 안에 들어갈 단어를 [보기]에서 고르세요.

보기

A 星期   B 今天   C 明天   D 有   E 时间

1) 今天(　　)几?　　　　　오늘 무슨 요일이죠?

2) (　　)星期三。　　　　내일은 수요일입니다.

3) (　　)三号。　　　　　오늘은 3일입니다.

4) 明天有(　　)吗?　　　내일 시간 있어요?

5) 明天我(　　)事儿。　　내일 저는 일이 있어요.

02 단어에 해당하는 한어병음을 [보기]에서 고르세요.

보기

A xīngqī èr   B shìr   C yǒu   D jīntiān   E bàoqiàn

1) 今天

2) 抱歉

3) 有

4) 事儿

5) 星期二

简化的信

时 shí	時 때 시 때, 시대; 시	时	时	时	时
间 jiàn	間 사이 간 틈, 사이	间	间	间	间
吗 ma	嗎 의문조사 마 문장 끝에 쓰여 의문의 어기를 나타냄	吗	吗	吗	吗
儿 ér	兒 아이 아 어린이, 아이	儿	儿	儿	儿

PART 05

국적과 나이 你是哪国人？

회화포인트

1. 국적 묻고 답하기
2. 나이 묻고 답하기

문법포인트

의문대사로 질문하기
1. 哪 어느
2. 多大 얼마나
3. 什么 무엇

생생회화 01

A: 你是哪国人?
Nǐ shì nǎ guó rén?
당신은 어느 나라 사람입니까?

B: 我是韩国人。
Wǒ shì Hánguó rén.
나는 한국 사람입니다.

단어 

哪[nǎ] 때 어느
国[guó] 몡 나라
人[rén] 몡 사람
韩国[Hánguó] 몡 한국

국적에 대해 묻고 답하기

哪国人? Nǎ guó rén?	어느 나라 분이세요?
你是哪国人? Nǐ shì nǎ guó rén?	당신은 어느 나라 사람입니까?

TIP

3성+2성 발음은 반3성 +2성으로 발음해요.

∨ + ∕ → ∖ + ∕

哪国	nǎ guó	어느 나라
美国	Měiguó	미국
法国	Fǎguó	프랑스

국적에 대해 말하기 

我是韩国人。Wǒ shì Hán guó rén.   나는 한국 사람입니다.

TIP

나라 이름

中国	Zhōngguó	중국	泰国 Tàiguó		태국
美国	Měiguó	미국	新加坡 Xīnjiāpō		싱가포르
德国	Déguó	독일	加拿大 Jiānádà		캐나다
法国	Fǎguó	프랑스	西班牙 Xībānyá		스페인
英国	Yīngguó	영국	澳大利亚 Àodàlìyà		호주
瑞士	Ruìshì	스위스	马来西亚 Mǎláixīyà		말레이시아

A : 你今年多大?
Nǐ jīnnián duōdà?
당신은 올해 몇 살입니까?

B : 我今年三十岁。
Wǒ jīnnián sān shí suì.
저는 올해 서른입니다.

단어

今年[jīnnián] 몡 올해

多大[duōdà] ㈜ 얼마

三十[sān shí] ㈜ 30

岁[suì] 얭 세, 살

보충단어

岁数 [suìshu] 나이, 연세
(=年纪 [niánjì])

나이를 묻고 답하기

(1) 동년배이거나 자신보다 나이가 적은 경우(가장 일반적인 표현)

A : 你今年多大? Nǐ jīnnián duōdà?　　올해 나이가 어떻게 돼요?

　　 你多大? Nǐ duōdà?　　나이가 어떻게 되세요?

B : 我二十四岁了。Wǒ èr shí sì suì le.　　저는 24살입니다.

(2) 초면이거나 자신보다 나이가 많은 경우(주로 노인에 대한 표현)

A : 您多大岁数了? Nín duōdà suìshu le?　　연세가 어떻게 되세요?

　　 您多大岁数? Nín duōdà suìshu?　　연세가 어떻게 되세요?

B : 我今年七十了。Wǒ jīnnián qī shí le.　　나는 올해 일흔일세.

(3) 어린아이(10세 미만)의 나이를 묻는 경우

A : 你几岁? Nǐ jǐ suì?　　몇 살이니?

B : 九岁。Jiǔ suì.　　9살이요.

나이를 묻고 답할 때, 숫자 다음에 쓰인 岁와 문장 끝에 了를 생략할 수 있습니다.

생생회화 03

A: 你属什么?
　　Nǐ shǔ　shénme?

무슨 띠세요?

B: 我属猪。
　　Wǒ shǔ zhū.

저는 돼지띠입니다.

단어

属 [shǔ] 몡통 띠, 속하다
什么 [shénme] 데 무엇
猪 [zhū] 몡 돼지

띠 묻고 답하기

你属什么? Nǐ shǔ shénme?　　　　　　무슨 띠세요?

我属猪。 Wǒ shǔ zhū.　　　　　　　저는 돼지띠입니다.

대답을 할 때 2인칭 你는 1인칭 我로 바뀌고, 什么 자리에 구체적인 띠를 넣어서
말하면 끝이랍니다.

사람의 띠 属相 shǔxiàng

鼠 shǔ 쥐	牛 niú 소	虎 hǔ 호랑이	兔 tù 토끼	龙 lóng 용
蛇 shé 뱀	马 mǎ 말	羊 yáng 양	猴 hóu 원숭이	鸡 jī 닭
狗 gǒu 개	猪 zhū 돼지			

TIP

3성 발음 연습

띠를 말할 때 3성 발음이 연달아 있으면 끊어 읽기를 잘해야 해요.
我 / 属鼠。　　　　Wǒ / shǔ shǔ.

属鼠 부분은 3성이 연달아 있기 때문에 2성+3성으로 발음해야 합니다.
我 / 属牛。　　　　Wǒ / shǔ niú.

属牛는 3성+2성이기 때문에 반3성(ˇ)으로 발음해야 합니다.

의문대사로 질문하기

(1) 哪 nǎ 어느
哪 nǎ는 주로 명사와 함께 쓰여요.

你是哪国人？　Nǐ shì nǎ guó rén?　　당신은 어느 나라 사람입니까?
您找哪位？　Nín zhǎo nǎ wèi?　　어느 분을 찾으세요?

(2) 多大 duōdà 얼마나
원래는 크기를 묻는 말이지만 나이를 물을 때도 사용하죠.

有多大？　Yǒu duōdà?　　크기가 얼마나 되죠?
你今年多大？　Nǐ jīnnián duōdà?　　올해 나이가 어떻게 되세요?
你今年多大了？　Nǐ jīnnián duōdàle?　　올해 나이가 어떻게 되셨어요?

(3) 什么 shénme 무엇
영어 what의 뜻으로, 명사 앞에 나와서 명사를 꾸미기도 해요.

你属什么？　Nǐ shǔ shénme?　　무슨 띠세요?
你叫什么名字？　Nǐ jiào shénme míngzi?　　당신의 이름은 무엇입니까?

A :　你是哪国人？
Nǐ shì nǎ guó rén?

B :　我是韩国人。
Wǒ shì Hánguó rén.

A :　你今年多大？
Nǐ jīnnián duōdà?

B :　我今年三十岁。
Wǒ jīnnián sān shí suì.

A :　你属什么？
Nǐ shǔ shénme?

B :　我属猪。
Wǒ shǔ zhū.

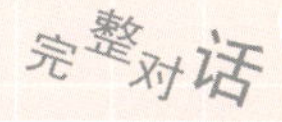

A : 당신은 어느 나라 사람입니까?

B : 나는 한국 사람입니다.

A : 당신은 올해 몇 입니까?

B : 저는 올해 서른입니다.

A : 무슨 띠세요?

B : 저는 돼지띠입니다.

문화 TIP 해음현상

중국 사람들은 단어의 음이 같거나 비슷한 글자를 서로 차용하는데요, 이를 해음현상(諧音現像)이라고 합니다. 숫자 八 bā을 '부자가 되다'라는 뜻의 发 fā로 보는 것도 해음현상의 하나인데요, 문자를 보낼 때도 이런 해음현상이 적용되죠.

숫자 520은 난 당신을 사랑해!

我爱你。Wǒ ài nǐ 당신을 사랑합니다.

我 wǒ (나) = 五 wǔ (5)

爱 ài (사랑하다) = 二 èr (2)

你 nǐ (당신) = 零 líng (0)

숫자 7474는 열 받아 죽겠네!

气死气死! Qì sǐ qì sǐ! 신경질 나 죽겠네!

气 qì (화나다) = 七 qī (7)

死 sǐ (죽다) = 四 sì (4)

01 괄호 안에 들어갈 단어를 [보기]에서 고르세요.

보기

A 今年   B 多   C 什么   D 哪国   E 韩国

1) 我(   )三十岁。   저는 올해 서른입니다.

2) 你是(   )人?   당신은 어느 나라 사람입니까?

3) 你属(   )?   무슨 띠세요?

4) 你今年(   )大?   당신은 올해 몇 살입니까?

5) 我是(   )人。   나는 한국 사람입니다.

02 단어에 해당하는 한어병음을 [보기]에서 고르세요.

보기

A Zhōngguó   B zhū   C niú   D suìshu   E Fǎguó

1) 中国

2) 法国

3) 牛

4) 猪

5) 岁数

韩 Hán	韓 나라 이름 **한** [명사] 한(韓)	韩	韩	韩	韩
国 guó	國 나라 **국** [명사] 국가, 나라	国	国	国	国
马 mǎ	馬 말 **마** [명사] 말 [형용사] 크다	马	马	马	马
鸡 jī	鷄 닭 **계** [명사] 닭	鸡	鸡	鸡	鸡
属 shǔ	屬 무리 **속** [명사] 종류, 부류, 유별, 분류 [동사] …에 속하다, …의 것이다.	属	属	属	属
岁 suì	歲 해 **세** [명사] ～ 살, ～ 세; 해	岁	岁	岁	岁
数 shù	數 헤아릴 **수** [명사] 수	数	数	数	数

PART 06

직업 묻기 你做什么工作?

회화포인트

1. 당신은 무슨 일을 하세요?
2. 잘 부탁드립니다
3. 자주 연락합시다

문법포인트

1. '~에서'의 뜻을 가진 개사 在
2. 가능이나 허락을 나타내는 可以

생생회화 **01**

A: 你做什么工作?
Nǐ zuò shénme gōngzuò?

당신은 무슨 일을 하세요?

B: 我是公司职员。
Wǒ shì gōngsī zhíyuán.

저는 회사원입니다.

단어

做 [zuò] 동 다
什么 [shénme] 대 무엇
工作 [gōngzuò] 동 일, 일하다
是 [shì] 동 ~은 …이다
公司 [gōngsī] 명 회사
职员 [zhíyuán] 명 직원

당신의 직업은 무엇입니까?

A: 你的职业是什么?
Nǐ de zhíyè shì shénme?

당신의 직업은 무엇입니까?

B: 我是医生。
Wǒ shì yīshēng.

나는 의사입니다.

어디서 일하세요?

A: 你在哪儿工作?
Nǐ zài nǎr gōngzuò?

당신은 어디에서 일하세요?

B: 我在医院工作。
Wǒ zài yīyuàn gōngzuò.

저는 병원에서 일합니다.

다양한 직업의 세계

老师	lǎoshī	교사	美容师	měiróngshī	미용사
工程师	gōngchéngshī	엔지니어	画家	huàjiā	화가
医生, 大夫	yīshēng, dàifu	의사	护士	hùshi	간호사
厨师	chúshī	주방장	摄影师	shèyǐngshī	사진작가
演员	yǎnyuán	배우	歌手	gēshǒu	가수
播音员	bōyīnyuán	아나운서	记者	jìzhě	기자
导演	dǎoyǎn	감독, PD	出租车司机	chūzūchē sījī	택시 기사
警察	jǐngchá	경찰	公务员	gōngwùyuán	공무원
政治家	zhèngzhìjiā	정치가	律师	lǜshī	변호사

보충단어

电台 [diàntái] 명 방송국
(电视台 [diànshìtái] 의 줄임말)
大学 [dàxué] 명 대학
联合国 [Liánhéguó] 명 UN(유엔)
跨国公司 [kuàguó gōngsī] 명
다국적기업

생생회화 02

A: 我可以要你的名片吗?
Wǒ kěyǐ yào nǐ de míngpiàn ma?

명함 좀 받을 수 있을까요?

B: 当然可以。
Dāngrán kěyǐ.

물론입니다.

단어

可以 [kěyǐ] 통 할 수 있다, 가능하다
要 [yào] 통 요구하다, 필요하다
的 [de] 조 ~의(소유)
名片 [míngpiàn] 명 명함
当然 [dāngrán] 형 당연하다

 **허락 구하기**

주어+可以~吗? 제가 ~할 수 있습니까?

我**可以**休息**吗**? Wǒ kěyǐ xiūxi ma?　　저 쉬어도 돼요?

我们**可以**结婚**吗**? Wǒmen kěyǐ jiéhūn ma?　　우리 결혼할 수 있을까요?

 **긍정의 대답**

当然可以。Dāngrán kěyǐ.　　물론 가능합니다.

可以。Kěyǐ.　　가능합니다.

 **부정의 대답**

不可以。Bù kěyǐ.　　안됩니다.

真抱歉! Zhēn bàoqiàn!　　정말 미안합니다.

생생회화 03

A: **请多多指教。**
Qǐng duōduō zhǐjiào.
잘 부탁드립니다.

B: **我们保持联系吧。**
Wǒmen bǎochí liánxì ba.
자주 연락합시다.

단어 

请 [qǐng] 동 ~해 주세요

多多 [duōduō] 부 많이

指教 [zhǐjiào] 동 지도하다, 가르치다

保持 [bǎochí] 동 유지하다

联系 [liánxì] 동 연락하다

吧 [ba] 조 권유, 재촉을 나타내는 어기조사

다양한 부탁의 인사말

请多多~ Qǐng duōduō 많이 ~해 주세요

请多多**指教**。 Qǐng duōduō zhǐjiào.		잘 부탁드립니다.
请多多**指点**。 Qǐng duōduō zhǐdiǎn.		잘 부탁드립니다.
请多多**关照**。 Qǐng duōduō guānzhào.		잘 봐 주세요.
请多多**包涵**。 Qǐng duōduō bāohan.		많이 봐 주세요.
请多多**期待**。 Qǐng duōduō qīdài.		많이 기대해 주세요.

보충단어 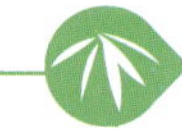

指点 [zhǐdiǎn] 동 가르치다

关照 [guānzhào] 동 돌보다

包涵 [bāohan] 동 양해하다

期待 [qīdài] 동 기대하다

권유와 재촉을 나타내는 어기조사 吧

권유나 재촉을 할 때 너무 강경한 말투는 상대방을 언짢게 할 수 있어요. 보다 친절하게 표현하려면 문장 끝에 吧를 써서 말하면 돼요.

我们吃饭。 Wǒmen chīfàn.		우리 식사합시다.
我们吃饭**吧**。 Wǒmen chīfàn ba.		우리 식사하죠.

我们八点出发。 Wǒmen bā diǎn chūfā.		우리 8시에 출발합시다.
我们八点出发**吧**。 Wǒmen bā diǎn chūfā ba.		우리 8시에 출발하죠.

문법포인트

01 '～에서'의 뜻을 가진 개사 在

영어의 전치사와 비슷한 용법을 가진 것이 바로 중국어 개사입니다. 개사+장소 or 대상+동사+목적어

我在医院工作。	Wǒ zài yīyuàn gōngzuò.	저는 병원에서 일합니다.
我在中国工作。	Wǒ zài Zhōngguó gōngzuò.	저는 중국에서 일합니다.

02 가능이나 허락을 나타내는 可以

능원동사(조동사) 可以는 '～할 수 있다'라는 뜻으로 1)허락/허가 2)가능/능력을 나타냅니다. 또 단독으로 사용해 대답에 대한 답으로 쓸 수 있어요.

(1) 허락/허가

我可以要你的名片吗?	Wǒ kěyǐ yào nǐ de míngpiàn ma?	명함 좀 받을 수 있을까요?
我可以看一下吗?	Wǒ kěyǐ kàn yíxià ma?	제가 좀 볼 수 있을까요?

정반의문문을 만들 경우에는 '可以不可以'나 '可不可以'로 표현합니다.

我可不可以看一下?	Wǒ kě bu kěyǐ kàn yíxià?	제가 좀 볼 수 있을까요?

(2) 가능/능력

가능이나 능력에서 부정을 나타낼 때는 不能을 쓰고 不可以는 쓰지 않아요. 하지만 허락이나 허가를 표시할때는 不能과 不可以 둘 다 사용할 수 있어요.

A:	你可以做中国菜吗?	Nǐ kěyǐ zuò Zhōngguó cài ma?	당신은 중국 요리를 할 수 있나요? (능력)
B:	不能。	Bù néng.	할 수 없어요.

A:	我可以抽烟吗?	Wǒ kěyǐ chōuyān ma?	제가 담배를 피워도 될까요? (허가)
B:	不可以。(=不能)	Bù kěyǐ. (=Bù néng)	안됩니다.

A : 你做什么工作?
Nǐ zuò shénme gōngzuò?

B : 我是公司职员。
Wǒ shì gōngsī zhíyuán.

A : 我可以要你的名片吗?
Wǒ kěyǐ yào nǐ de míngpiàn ma?

B : 当然可以。
Dāngrán kěyǐ.

A : 请多多指教。
Qǐng duōduō zhǐjiào.

B : 我们保持联系吧。
Wǒmen bǎochí liánxì ba.

A: 당신은 무슨 일을 하세요?

B: 저는 회사원입니다.

A: 명함 좀 받을 수 있을까요?

B: 물론입니다.

A: 잘 부탁드립니다.

B: 자주 연락합시다.

문화 TIP 중국어의 직함 부르기

회사직함

董事长 dǒngshìzhǎng 회장　**总经理** zǒngjīnglǐ 사장　**部长** bùzhǎng 부장, 장관　**主任** zhǔrèn 주임

직함에 성씨를 붙이면 친밀감과 존경하는 마음을 전하죠.
金董事长 Jīn dǒngshìzhǎng 김 회장님　　**李总经理** Lǐ zǒngjīnglǐ 이 사장님

요즘 중국에서는 줄여서 말하기가 유행인데요, 호칭도 아래와 같이 줄여서 말하죠.
金董事长 Jīn dǒngshìzhǎng → 金董 Jīn dǒng (김 회장님)
王总经理 Wáng zǒngjīnglǐ → 王总 Wáng zǒng (왕 사장님)

01 괄호 안에 들어갈 단어를 [보기]에서 고르세요.

보기

A 做	B 多多	C 联系	D 中国
E 职员	F 工作	G 可以	H 名片

1) 你(　　)什么(　　)?　　　　당신은 무슨 일을 합니까?

2) 我在(　　)工作。　　　　나는 중국에서 일합니다.

3) 请(　　)指教。　　　　잘 부탁드립니다.

4) 我是公司(　　)。　　　　나는 회사원입니다.

5) 我(　　)要你的(　　)吗?　　　　명함을 얻을 수 있을까요?

6) 我们保持(　　)吧。　　　　자주 연락합시다.

02 단어에 해당하는 한어병음을 [보기]에서 고르세요.

보기

A 联系	B 保持	C 职员	D 可以	E 指教

1) kěyǐ

2) zhǐjiào

3) liánxì

4) zhíyuán

5) bǎochí

职 zhí	職 직업 **직** 직업, 일자리	职	职	职	职
员 yuán	員 사람 **원** 어떤 직업에 종사하는 사람; 단체나 조직의 구성원	员	员	员	员
当 dāng	當 마땅 **당** 금속 부딪히는 소리 당, 맡을 당, 담당하다, 맡다; …이(가) 되다.	当	当	当	当
教 jiāo	教 가르칠 **교** (지식 또는 기술을) 전수하다, 가르치다	教	教	教	教
联系 liánxì	聯 연이을 **연** 係 맬 **계** 연락하다, 연결하다	联系		联系	

PART 07

가족 관계
你家有几口人？

회화포인트

1. 어디 사는지 묻고 답하기
2. 형제가 몇이에요?
3. 가족 관계가 어떻게 돼요?

문법포인트

1. 존재와 소유를 나타내는 有
2. 양사

A:　你住哪儿?　어디 사세요?
　　Nǐ zhù nǎr?

B:　我住首尔。　저는 서울에 살아요.
　　Wǒ zhù Shoǔ'ěr.

단어

住 [zhù] 동 살다
哪儿 [nǎr] 대 어디
首尔 [Shoǔ'ěr] 명 서울

보충단어

去 [qù] 동 가다
商店 [shāngdiàn] 명 상점
在 [zài] 깨 ~에서 동 ~에 있다

장소를 묻는 의문대사 哪儿(어디)

A:　你去哪儿?　Nǐ qù nǎr?　　당신은 어디에 갑니까?
B:　我去商店。 Wǒ qù shāngdiàn.　나는 상점에 갑니다.

A:　他在哪儿工作? Tā zài nǎr gōngzuò?　그는 어디에서 일합니까?
B:　他在中国工作。 Tā zài Zhōngguó gōngzuò.　그는 중국에서 일합니다.

你住哪儿? 住在 ~에 살다

住在+장소와 住+장소는 같은 말이에요.

A:　你住在哪儿? Nǐ zhù zài nǎr?　　어디에 사세요?
B:　我住在首尔。 Wǒ zhù zài Shoǔ'ěr.　저는 서울에서 살아요.

생생회화 02

A: 你有几个兄弟姐妹?
Nǐ yǒu jǐ ge xiōngdì jiěmèi?
형제가 어떻게 되세요?

B: 我有一个弟弟。
Wǒ yǒu yí ge dìdi.
저는 남동생이 한 명 있어요.

단어

有 [yǒu] 동 가지고 있다, 있다

个 [ge] 양 개

兄弟姐妹 [xiōngdì jiěmèi]
명 형제자매

弟弟 [dìdi] 명 남동생

형제자매에 대해 묻고 답할 때

사람의 수를 나타낼 때 个 ge라는 중국어로는 양사라고 하는 단위사를 사용해요. 이때 有 yǒu는 '가지고 있다'라는 뜻의 소유를 나타내죠.

A: 你有几个弟弟? Nǐ yǒu jǐ ge dìdi? 당신은 남동생이 몇 명 있어요?
B: 我有一个弟弟。 Wǒ yǒu yí ge dìdi. 나는 남동생이 한 명 있어요.

숫자 읽을 때 一의 성조 변화 주의하세요. 一 yī + 个 ge → yí ge

A: 你有几个妹妹? Nǐ yǒu jǐ ge mèimei? 당신은 여동생이 몇 명 있어요?
B: 我有两个妹妹。 Wǒ yǒu liǎng ge mèimei. 저는 두 명의 여동생이 있어요.

숫자 2가 양사와 함께 쓰이면 二 èr이 아니라 两 liǎng 으로 바꿔서 말해요.
二个妹妹 → 两个妹妹

다음 페이지에 나오는 단어로 연습해보세요.

我有一个〇〇。 Wǒ yǒu yí ge 〇〇. 나에게는 ~이 하나 있습니다.

我没有〇〇。 Wǒ méiyǒu 〇〇. 나에게는 ~이 없습니다.

 **가족구성원**

같은 글자가 나란히 있을 때는 두 번째 글자를 경성으로 읽어야 해요.

爷爷 yéye	할아버지	奶奶 nǎinai	할머니	爸爸 bàba	아빠
妈妈 māma	엄마	哥哥 gēge	오빠, 형	弟弟 dì di	남동생
姐姐 jiějie	누나, 언니	妹妹 mèimei	여동생	叔叔 shūshu	삼촌
舅舅 jiùjiu	외삼촌	姑姑 gūgu	고모	阿姨 āyí	이모
儿子 érzi	아들	女儿 nǚ'ér	딸		

 7-3

생생회화 03

A: 你家有几口人?
Nǐ jiā yǒu jǐ kǒu rén?
가족이 몇이에요?

B: 我家有五口人。
Wǒ jiā yǒu wǔ kǒu rén.
우리 집엔 다섯 식구가 있어요.

奶奶、爸爸、妈妈、
Nǎinai、 bàba、 māma、
할머니, 아버지, 어머니,
남동생 그리고 저예요.

弟弟还有我。
dìdi hái yǒu wǒ.

단어

家 [jiā] 몡 집

口 [kǒu] 양 식구를 세는 단위

人 [rén] 몡 사람

奶奶 [nǎinai] 몡 할머니

爸爸 [bàba] 몡 아빠

妈妈 [māma] 몡 엄마

弟弟 [dìdi] 몡 남동생

还有 [háiyǒu] 졉 그리고

TIP

식구를 셀 때는 양사 口를 써서 말해요.

A : 你家有几口人? Nǐ jiā yǒu jǐ kǒu rén?　가족이 몇이에요?
B : 四口人。Sì kǒu rén.　네 식구입니다.

A : 你家有几口人? Nǐ jiā yǒu jǐ kǒu rén?　가족이 몇이에요?
B : 三口人。Sān kǒu rén.　세 식구입니다.

문법포인트

01 존재와 소유를 나타내는 有

有에는 존재와 소유를 나타내는 두 가지 의미가 있어요.

(1) 가지고 있다(소유)

긍정문: 주어+有+목적어

我有一个妹妹。	Wǒ yǒu yí ge mèimei.	나는 여동생이 한 명 있어요.
我有两个舅舅。	Wǒ yǒu liǎng ge jiùjiu.	나는 외삼촌이 두 명 있어요.

부정문: 주어+没有+목적어

我没有妹妹。(부정)	Wǒ méiyǒu mèimei.	저는 여동생이 없어요.
我没有舅舅。(부정)	Wǒ méiyǒu jiùjiu.	나는 외삼촌이 없어요.

의문문: 주어+有+목적어+吗? 주어+有没有 + 목적어?

你有男朋友吗?　　　=　你有没有男朋友?

Nǐ yǒu nánpéngyou ma? ＝ Nǐ yǒuméiyǒu nánpéngyou?　남자친구 있어요?

(2)있다(존재)

긍정문: 주어+有+목적어

我家有五口人。　　　　Wǒ jiā yǒu wǔ kǒu rén.　　　　우리 집에는 다섯 식구가 있어요.

明天有考试。　　　　　Míngtiān yǒu kǎoshì.　　　　　내일 시험이 있어요.

부정문: 주어+没有+목적어

教室里没有人。　　　　Jiàoshì lǐ méiyǒu rén.　　　　教실 안에는 사람이 없습니다.

의문문: 의문대사 吗?를 사용한 의문문

你家有几口人?　　　　Nǐ jiā yǒu jǐ kǒu rén?　　　　가족이 몇이에요?

你家有五口人吗?　　　Nǐ jiā yǒu wǔ kǒu rén ma?　　　당신 집에는 다섯 식구가 있습니까?

우리말에 권, 마리, 벌과 같은 단위를 나타내는 말이 있듯이 중국어에도 이런 양사가 있어요. 중국어 양사는 그 수가 굉장히 많은데요, 가장 많이 쓰이는 양사들은 알아 두는 게 좋아요. *표현방법: 숫자+양사+명사

件 jiàn: 벌(옷을 세는 양사) 两件衣服 liǎng jiàn yīfu 옷 두 벌

部 bù: 편(영화를 세는 양사) 两部电影 liǎng bù diànyǐng 영화 두 편

听 tīng: 캔(알루미늄 캔을 세는 양사, 영어 tin(통조림)에서 유래) 两听可乐 liǎng tīng kělè 콜라 두 캔

瓶 píng: 병 三瓶啤酒 sān píng píjiǔ 맥주 세 병

支 zhī: 개비, 자루(연필이나 담배 등을 세는 양사) 三支笔 sān zhī bǐ 펜 3개

位 wèi, 个 ge: 사람을 세는 양사 三位客人 sān wèi kèrén 손님 세 분 四个姐姐 sì ge jiějie 언니 네 명

口 kǒu: 가족 구성원을 세는 양사 四口人 sì kǒu rén 네 식구

家 jiā: 회사나 상점을 세는 양사 五家商店 wǔ jiā shāngdiàn 상점 다섯 곳

台 tái: 기계를 세는 양사 五台电脑 wǔ tái diànnǎo 컴퓨터 다섯 대

本 běn: 권(책을 세는 양사) 六本书 liù běn shū 책 여섯 권

条 tiáo: 길이나 뱀 등 가늘고 긴 것을 세는 양사 六条裤子 liù tiáo kùzi 바지 여섯 벌

块 kuài: 조각, 점 (돈이나 조각을 되는 것을 세는 양사) 两块肉 liǎng kuài ròu 고기 두 점

把 bǎ: 칼이나 우산, 의자 등 손잡이가 있는 것을 세는 양사 一把伞 yì bǎ sǎn 우산 한 자루
两把椅子 liǎng bǎ yǐzi 의자 두 개

张 zhāng: 평면을 가진 것을 세는 양사 两张桌子 liǎng zhāng zhuōzi 책상 두 개
三张邮票 sān zhāng yóupiào 우표 세 장

套 tào: 상하 한 벌이나 세트로 된 것을 세는 양사 一套西服 yí tào xīfú 양복 한 벌

双 shuāng: 켤레(짝을 이루는 신발이나 양말을 세는 단위) 一双鞋 yì shuāng xié 신발 한 켤레

개월과 해
一个月 yí ge yuè 한 달
一月 yí yuè 1월
一年 yì nián 1년

教室 jiàoshì 교실   里 lǐ 안   衣服 yīfu 옷   电影 diànyǐng 영화   可乐 kělè 콜라   啤酒 píjiǔ 맥주
笔 bǐ 펜   客人 kèrén 손님   电脑 diànnǎo 컴퓨터   裤子 kùzi 바지   肉 ròu 고기
伞 sǎn 우산   椅子 yǐzi 의자   邮票 yóupiào 우표   西服 xīfú 양복

A : 你住哪儿?
Nǐ zhù nǎr?

B : 我住首尔。
Wǒ zhù Shǒu'ěr.

A : 你有几个兄弟姐妹?
Nǐ yǒu jǐ ge xiōngdì jiěmèi?

B : 我有一个弟弟。
Wǒ yǒu yí ge dìdi.

A : 你家有几口人?
Nǐ jiā yǒu jǐ kǒu rén?

B : 我家有五口人。奶奶、爸爸、妈妈、弟弟还有我。
Wǒ jiā yǒu wǔ kǒu rén.   Nǎinai、 bàba、 māma、 dìdi háiyǒu wǒ.

A : 어디 사세요?

B : 저는 서울에 살아요.

A : 형제가 어떻게 되세요?

B : 저는 남동생이 한 명 있어요.

A : 가족이 몇이에요?

B : 우리 집엔 다섯 식구가 있어요.
할머니, 아버지, 엄마, 남동생 그리고 저예요.

문화 TIP **땅 넓은 중국에는 시차가 없을까?**

중국은 하나의 국가가 아니라 하나의 세상이라고 할 만큼 기상천외한 일이 벌어지는데요,
시간을 말할 때 중국 사람들은 '중국시간'이라는 표현을 잘 쓰지 않고, '북경시간'이라고
말합니다. 이는 중국의 모든 시간이 수도인 북경(北京 Běijīn 베이징) 시간을 기준으로
삼고 있기 때문인데요, 땅이 넓은 중국은 미국처럼 지역 간 시차가 없고 모든 지역의 시간이
일치합니다.

01 괄호 안에 들어갈 단어를 [보기]에서 고르세요.

보기

A 哪儿	B 几个	C 弟弟	D 爸爸
E 几口人	F 还有	G 有	H 首尔

1) 我住(　　)。　　　　　　　　　저는 서울에 살아요.

2) 你住(　　)?　　　　　　　　　어디 사세요?

3) 你有(　　)兄弟姐妹?　　　　　형제가 어떻게 되세요?

4) 我有一个(　　)。　　　　　　　저는 남동생이 하나 있어요.

5) 你家有(　　)?　　　　　　　　가족이 몇이에요?

6) 我家(　　)五口人。　　　　　　우리 집엔 다섯 식구가 있어요.

7) 奶奶、(　　)、妈妈、弟弟(　　)我。　　할머니, 아버지, 엄마, 남동생 그리고 저에요.

02 단어에 해당하는 한어병음을 [보기]에서 고르세요.

보기

A 兄弟	B 哪儿	C 姐妹	D 还有	E 一个

1) háiyǒu

2) nǎr

3) yí ge

4) jiěmèi

5) xiōngdì

简化的信

尔 ěr	爾 너 **이** 너, 그대; 이, 저	尔	尔	尔	尔
几 jǐ	幾 몇 **기** 몇	几	几	几	几
个 gè	個 낱 **개** 개, 사람, 명	个	个	个	个
妈 mā	媽 엄마 **마** 엄마, 어머니	妈	妈	妈	妈
还 hái	還 여전히 **환** 여전히, 아직도; 게다가, 더	还	还	还	还

PART 08

운동 你喜欢什么运动?

心星人
SMAN VS BMAN
電影院
저기 나오는 성룡 아저씨다!

회화포인트

1. 무슨 운동을 좋아하세요?
2. 저는 매일 수영을 합니다
3. 상대방에게 제안할 때

문법포인트

1. 부사 一起
2. 상대방에게 제안할 때
3. 太~了 용법

A: 你喜欢什么运动?
Nǐ xǐhuan shénme yùndòng?
무슨 운동 좋아하세요?

B: 我喜欢游泳。
Wǒ xǐhuan yóuyǒng.
저는 수영을 좋아해요.

단어

喜欢 [xǐhuan] 동 좋아하다

什么 [shénme] 대 무엇, 어떤

运动 [yùndòng] 명동 운동, 운동하다

游泳 [yóuyǒng] 명동 수영, 수영하다

발음 TIP

4성 글자가 연달아 있을 때의 발음

두 개의 4성 글자로 이루어진 단어의 경우 뒤의 글자를 조금 더 길게 발음한다.
(성조그림: 4성 성조 두 개 나란히, 뒤의 4성 성조가 앞의 것 보다 길게)

4성 글자가 연달아 있을 때의 발음

```
5(솔) ___________________________
4(파) ___________________________
3(미) ___________________________
2(레) ___________________________
1(도) ___________________________
```

상대방이 무엇을 좋아하는지 물을 때

你喜欢什么+ 명사? 당신은 무슨 ~을 좋아하세요?

A: 你喜欢什么运动?　　　　무슨 운동 좋아하세요?
Nǐ xǐhuan shénme yùngdòng?

B: 我喜欢打棒球。Wǒ xǐhuan dǎ bàngqiú.　저는 야구하는 것을 좋아합니다.

A: 你喜欢什么电影? Nǐ xǐhuan shénme diànyǐng? 무슨 영화 좋아하세요?

B: 我喜欢美国电影。Wǒ xǐhuan Měiguó diànyǐng 저는 미국 영화를 좋아합니다.

A: 你喜欢什么水果? Nǐ xǐhuan shénme shuǐguǒ? 무슨 과일 좋아하세요?

B: 我喜欢香蕉。Wǒ xǐhuan xiāngjiāo.　　저는 바나나를 좋아합니다.

A: 你喜欢什么颜色? Nǐ xǐhuan shénme yánsè?　무슨 색깔 좋아하세요?

B: 我喜欢红色。Wǒ xǐhuan hóngsè.　　저는 빨간색을 좋아합니다.

보충단어

打 [dǎ] 동 때리다, 공을 치다

棒球 [bàngqiú] 명 야구

美国 [Měiguó] 명 미국

电影 [diànyǐng] 명 영화

水果 [shuǐguǒ] 명 과일

香蕉 [xiāngjiāo] 명 바나나

颜色 [yánsè] 명 색깔

红色 [hóngsè] 명 빨간색

생생회화 02

A: **我每天游泳。**
Wǒ měitiān yóuyǒng.
저는 매일 수영을 해요.

B: **我很忙，没有时间运动。**
Wǒ hěn máng, méiyǒu shíjiān yùndòng.
저는 바빠서 운동할 시간이 없어요.

단어 

每天 [měitiān] 몡 매일

忙 [máng] 혱동 바쁘다, 서두르다

没有 [méiyǒu] 동 없다

时间 [shíjiān] 몡 시간

游泳 [yóuyǒng] 몡 수영

다양한 스포츠의 세계

篮球 lánqiú	농구	排球 páiqiú	배구
网球 wǎngqiú	테니스	羽毛球 yǔmáoqiú	배드민턴
高尔夫球 gāo'ěrfūqiú	골프	桌球 zhuōqiú	탁구
保龄球 bǎolíngqiú	볼링	台球 táiqiú	당구

'打 dǎ ~ (손으로 하는 운동)을 하다'를 동사로 쓰는 운동

打高尔夫球 dǎ gāo'ěrfūqiú	골프를 하다
打羽毛球 dǎ yǔmáoqiú	배드민턴을 하다

'跑 pǎo 달리다'를 동사로 쓰는 운동

跑马拉松 pǎo mǎlāsōng	마라톤을 달리다

'踢 tī 차다'를 동사로 사용하는 운동

踢足球 tī zúqiú	축구를 하다

별도의 동사 없이도 동사가 되는 스포츠

滑雪 huáxuě	스키 타다
溜冰 liūbīng	스케이트, 롤러스케이트를 타다
游泳 yóuyǒng	수영하다
慢跑 mànpǎo	조깅하다

보충단어 

休息 [xiūxi] 동 휴식하다, 쉬다

~ 할 시간이 없다고 말할 때

没有时间 +동사(목적어) ~할 시간이 없다

没有时间吃饭。Méiyǒu shíjiān chīfàn.	밥 먹을 시간이 없어요.
没有时间休息。Méiyǒu shíjiān xiūxi.	쉴 시간이 없어요.

A: 我们一起去打球, 好吗?
Wǒmen yìqǐ qù dǎ qiú, hǎo ma?
우리 같이 공치러 갈까요?

B: 那太好了。
Nà tài hǎo le.
그거 정말 좋죠.

단어 

我们 [wǒmen] 때 우리
一起 [yìqǐ] 🌣 함께
去 [qù] 동 가다
打球 [dǎ qiú] 동 공을 치다
那 [nà] 때 그것
太~了 [tài~le]
정말(너무)~하다(감탄, 불만)

상대방에게 제안할 때

우리 함께 ~할까요? 네? 我们一起 +동사+목적어, 好吗?

我们一起去打球, 好吗?　　　　　우리 같이 공치러 갈까요? 네?
Wǒmen yìqǐ qù dǎ qiú, hǎo ma?

我们一起去打高尔夫(球), 好吗?　　우리 같이 골프치러 갈까요? 네?
Wǒmen yìqǐ qù dǎ gāo'ěrfū (qiú), hǎo ma?

我们一起吃饭, 好吗?　　　　　　우리 같이 식사할까요? 네?
Wǒmen yìqǐ chī fàn, hǎo ma?

01 부사 一起

부사 一起는 동사 앞에 쓰여 '함께 ~하는 것'을 나타낸다.

他们一起去。Tāmen yìqǐ qù.　　　　그들은 함께 간다.
他们一起吃饭。Tāmen yìqǐ chīfàn.　　그들은 함께 식사를 한다.
他们一起去吃饭。Tāmen yìqǐ qù chīfàn.　그들은 함께 식사를 하러 간다.

02 상대방에게 제안할 때

매우 친절한 제안에는 ~, 好吗?, 조금 친절한 제안에는 문장 끝에 어기조사 吧 ba
단, 吧를 사용하지 않는다면 말투에 특히 신경을 써야 해요. 그렇지 않으면 다소 강압적인 어감을 가질 수 있거든요.

我们一起吃饭, 好吗? (매우 친절한 제안) Wǒmen yìqǐ chīfàn, hǎo ma? 우리 같이 밥 먹을까요? 네?
我们一起去打球, 好吗? Wǒmen yìqǐ qù dǎ qiú, hǎo ma? 우리 같이 공치러 갈까요? 네?

我们一起吃饭吧。(다소 친절한 제안) Wǒmen yìqǐ chīfàn ba. 우리 같이 식사해요!
我们一起去打球吧。Wǒmen yìqǐ qù dǎ qiú ba. 우리 같이 공치러 가죠!

我们一起吃饭。(친절한 말투가 아니라면 다소 강압적인 느낌 줄 수도……) Wǒmen yìqǐ chīfàn.
우리 같이 밥 먹어요.
我们一起去打球。Wǒmen yìqǐ qù dǎ qiú. 우리 같이 공치러 갑시다.

03 太 ~ 了 용법

형용사 앞에서 정도를 나타내는 부사를 정도부사(很 hěn 매우,　真 zhēn 정말)라고 하는데요,
太 tài ~了 le 역시 형용사의 정도를 나타내지만 불만을 나타낼 때도 쓰입니다.

我很忙。Wǒ hěn máng. 나는 매우 바쁘다.
她真漂亮。Tā zhēn piàoliang. 그녀는 매우 예쁘다.
他太好了。Tā tài hǎo le. 그 사람 정말 좋아요.　　那太好了。Nà tài hǎo le. 그거 정말 잘됐네요!
太贵了。Tài guì le. 너무 비싸요! (불만)　　太吵了。Tài chǎo le. 너무 시끄러워요! (불만)

漂亮 [piàoliang] 예쁘다　贵 [guì] 비싸다　吵 [chǎo] 시끄럽다

A : 你喜欢什么运动?
Nǐ xǐhuan shénme yùndòng?

B : 我喜欢游泳。我每天游泳。
Wǒ xǐhuan yóuyǒng.　Wǒ měitiān yóuyǒng.

A : 我很忙，没有时间运动。
Wǒ hěn máng, méiyǒu shíjiān yùndòng.

B : 我们一起去打球，好吗?
Wǒmen yìqǐ　qù　dǎ qiú, hǎo ma?

A : 那太好了。
Nà　tài　hǎo le.

A : 무슨 운동 좋아하세요?

B : 저는 수영을 좋아해요. 저는 매일 수영을 해요.

A : 저는 바빠서 운동할 시간이 없어요.

B : 우리 같이 공치러 갈까요?

A : 그거 정말 좋죠.

문화 TIP 중국어의 외래어 번역

중국어의 외래어는 의미, 소리, 의미와 소리를 합치는 방법으로 번역하는데요, 소리 나는 대로 중국어로 외래어를 표기한 코카콜라나 이메일은 아주 기가 막힌 외래어 번역으로 꼽힙니다. 그 이유는 한자에 의미가 있다 보니 의미와 소리가 딱 떨어지게 전달되어졌기 때문이죠.

可口可乐 kěkǒukělè 코카콜라 (마시면 마실수록 기쁨을 주는 음료)

伊妹儿 yī mèir 이메일 (그의 여동생, 여자 애인을 부르는 말)
이메일을 '电子邮件 diànzǐ yóujiàn 전자우편'이라고도 합니다.

01 사진을 보고 그가 좋아하는 운동을 말해보세요.

1)

2)

3)

4)

5)

他 [tā] 그   喜欢 [xǐhuan] 좋아하다

02 괄호 안에 들어갈 단어를 [보기]에서 고르세요.

보기

A 游泳	B 什么	C 时间	D 一起	E 太

1) 你喜欢(　　　)运动?　　　무슨 운동 좋아하세요?

2) 我喜欢(　　　)。　　　저는 수영을 좋아해요.

3) 我没有(　　　)运动。　　　저는 운동할 시간이 없어요.

4) 我们(　　　)去打球, 好吗?　　　우리 같이 공치러 갈까요?

5) 那(　　　)好了。　　　그거 정말 좋죠.

欢 huān	歡 기뻐할 **환** 즐겁다, 기쁘다	欢	欢	欢	欢
运 yùn	運 돌 **운** 돌다, 이동하다, 운동하다	运	运	运	运
动 dòng	動 움직일 **동** 움직이다, 흔들리다	动	动	动	动
间 jiàn	間 사이 **간** 틈, 사이	间	间	间	间

PART 09

쇼핑 我要买口红。

회화포인트

1. 소원이나 바람을 나타내기
2. 단위사 个
3. 마음에 들다, ~하는 것을 좋아한다

문법포인트

1. 능원동사 要
2. 조동사 想

A: 我要买口红。 저는 립스틱을 사야 해요.
Wǒ yào mǎi kǒuhóng.

B: 我陪你去逛街。 제가 같이 쇼핑 가 드릴게요.
Wǒ péi nǐ qù guàngjiē.

단어

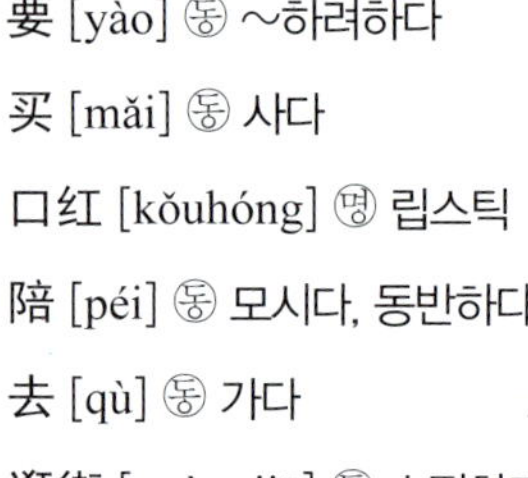

要 [yào] 동 ~하려하다
买 [mǎi] 동 사다
口红 [kǒuhóng] 명 립스틱
陪 [péi] 동 모시다, 동반하다
去 [qù] 동 가다
逛街 [guàngjiē] 동 쇼핑하다

보충단어

吃 [chī] 동 먹다
饭 [fàn] 명 밥
什么 [shénme] 대 무엇
想 [xiǎng] 동 ~하고 싶다

소원이나 바람을 나타내는 要, 想

조동사(능원동사) 想은 동사 앞에 놓여 말하는 사람의 주관적인 바람이나 희망을 나타내며, '~하고 싶다. ~하려 하다'의 뜻으로 쓰입니다. 要와 의미가 비슷하지만 要가 想에 비하여 주관적인 의지가 더 강합니다.

我想去书店。 Wǒ xiǎng qù shūdiàn. 나는 서점에 가고 싶다. (바람)
我要去书店。 Wǒ yào qù shūdiàn. 나는 서점에 가려고 한다. (의지)

A: 你要吃什么? Nǐ yào chī shénme? 뭐 드실래요?
B: 我想吃饭。 Wǒ xiǎng chīfàn. 저는 밥이 먹고 싶어요.

조동사의 부정은 조동사 앞에 부정 부사 不를 붙이면 됩니다.

我不想去书店。 Wǒ bù xiǎng qù shūdiàn. 나는 서점에 가고 싶지 않습니다.
我不想去。 Wǒ bù xiǎng qù. 나는 가고 싶지 않아요.

화장품과 액세서리

化妆品 [huàzhuāngpǐn] 명 화장품 化妆水 [huàzhuāngshuǐ] 명 스킨
指甲油 [zhǐjiǎyóu] 명 매니큐어 戒指 [jièzhi] 명 반지 耳环 [ěrhuán] 명 귀걸이
项链 [xiàngliàn] 명 목걸이

我要买口红。 Wǒ yào mǎi kǒuhóng. 나는 립스틱을 사야 합니다.

A: 这个颜色漂亮吗?
　　Zhè ge　yánsè piàoliang ma?

이 색깔 예뻐요?

B: 这个比较适合你。
　　Zhè ge　bǐjiào　shìhé　nǐ.

이 색깔이 비교적
당신한테 잘 어울려요.

단어

这 [zhè] 때 이

个 [ge] 양 ~ 개

颜色 [yánsè] 명 색깔

漂亮 [piàoliang] 형 예쁘다

比较 [bǐjiào] 부 비교적

适合 [shìhé] 동 적합하다, 어울리다

단위사 个

이 색깔, 이 옷, 이 책 등과 같은 표현을 말할 때 각각의 단위사를 넣어요. 가장 널리 쓰이는 것은 바로 个이죠. 혹시나 단위사가 생각나지 않을 때는 무조건 个를 쓰도록 하세요.

这件衣服	zhè jiàn yīfu	이 옷	这本词典	zhè běn cídiǎn	이 사전
这个颜色	zhè ge yánsè	이 색깔	这个东西	zhè ge dōngxi	이 물건
这个口红	zhè ge kǒuhóng	이 립스틱			

这个颜色比较适合你。　　　　　　　이 색깔이 비교적 당신한테 잘 어울려요.
Zhè ge yánsè bǐjiào shìhé nǐ.

这件衣服比较适合你。　　　　　　　이 옷이 비교적 당신한테 잘 어울려요.
Zhè jiàn yīfu bǐjiào shìhé nǐ.

颜色 yánsè 한자 독음이 '안색'이라서 얼굴 안색을 표현하는 말인 줄 오해하는 경우가 있는데요. 중국어에서 颜色는 색깔을 말해요. 얼굴 안색은 脸色 liǎnsè(얼굴색)이라고 하죠.

TIP

중국어 색깔 표현

红色 hóngsè 빨간색	橙色 chéngsè 오렌지색	蓝色 lánsè 파란색
黄色 huángsè 노란색	紫色 zǐsè 자주색	黑色 hēisè 검정색
白色 báisè 흰색	粉红色 fěnhóngsè 분홍색	咖啡色 kāfēisè 갈색
深~ shēn 짙은	浅~ qiǎn 연한	

很 **适合** hěn shìhé	참 잘 어울려요.
比较 **适合** bǐjiào shìhé	비교적 잘 어울려요.
不太 **适合** bútài shìhé	너무 어울리지 않아요.

생생회화 03

9-3

B: **这个你喜欢吗?**
Zhè ge nǐ xǐhuan ma?

이것 마음에 드세요?

A: **很好，我就买这个。**
Hěn hǎo, wǒ jiù mǎi zhè ge.

아주 좋아요.
저 이걸로 할래요.

단어 

喜欢 [xǐhuan] 동 좋아하다, 마음에 들다

很 [hěn] 부 매우

好 [hǎo] 형 좋다

就 [jiù] 부 바로 ～하다(확고함)

지시대명사

지시대명사란 사람, 사물, 장소 등을 가리키거나 대신하는 대명사를 말합니다.

단수	복수	장소
这 zhè (이) 这个 zhè ge (이것)	这些 zhèxiē (이것들)	这儿 zhèr (여기) =这里 zhèli
那 nà (저, 그) 那个 nà ge (저것, 그것)	那些 nàxiē (저것들)	那儿 nàr (저기, 거기) =那里 nàli
哪 nǎ (어느) 哪个 nǎ ge (어느 것)	哪些 nǎxiē (어느 것들)	哪儿 nǎr (어디) =哪里 nǎli

 **마음에 들다, ~하는 것을 좋아하다**

喜欢(좋아하다) 다음에는 명사가 올 수 있지만 '동사+목적어'도 오는데요, 그렇게 되면 해석도 '~하기를 좋아한다'로 해야 해요.

(1) 喜欢+명사 : ~이 마음에 들다.

我喜欢这个。Wǒ xǐhuan zhè ge.	나는 이게 마음에 들어요.
我喜欢这个颜色。Wǒ xǐhuan zhè ge yánsè.	나는 이 색이 마음에 들어요.

(2) 喜欢+동사+목적어 : ~하는 것을 좋아하다

我喜欢逛街。Wǒ xǐhuan guàngjiē.	나는 쇼핑하는 것을 좋아해요.
我喜欢唱歌。Wǒ xǐhuan chànggē.	나는 노래 부르는 것을 좋아해요.
我喜欢看电影。Wǒ xǐhuan kàn diànyǐng.	나는 영화 보는 것을 좋아요.

 **就 용법**

就+동사는 강조를 나타내는데요, 우리말로 '곧, 즉시, 바로, 당장, 그냥, 오로지, 꼭' 등으로 해석됩니다. 중국 사람들은 就라는 표현을 참 많이 사용하는데요, 사전을 찾아보면 그 용법인 10가지도 넘죠. 이걸 다 외울 필요는 없고요, 다음 몇 가지만 알아두자고요.

시간	동작이 생각보다 빨리 이루어짐
	九点上课，他八点就到了。Jiǔ diǎn shàngkè, tā bā diǎn jiù dào le.
	9시에 수업을 시작하는데 그는 8시에 도착했습니다.
수량	'就+동사+수량'의 형식으로 표현되어 수량이 많고 적음
	1) 就를 세게 읽으면 수량이 적음을 나타냄
	我就有一本。Wǒ jiù yǒu yì běn. 저는 한 권밖에 없습니다.
	2) 就를 약하게 읽으면 수량이 많음을 나타냄
	100块就能买3个。Yì bǎi kuài jiù néng mǎi sān ge.
	100위안에 3개나 살 수 있습니다.
강조	就를 세게 읽어 어감을 강조
	1) 就+是(在)+명사
	这儿就是我家。Zhèr jiùshì wǒ jiā. 여기가 바로 우리 집입니다.
	2) 就+동사
	不去，我就不去。Bú qù, wǒ jiù bú qù. 안갑니다. 저는 절대 안갑니다.

01 능원동사 要

要가 동사 앞에 쓰이면 조동사(능원동사)로 '~을 하려고 하다, '~을 해야 한다'의 의미로 쓰입니다.

(1) 긍정문

我要去书店。Wǒ yào qù shūdiàn.　　　　나는 서점에 가려고 한다.(의지)
我要买词典。Wǒ yào mǎi cídiǎn.　　　　나는 사전을 사야만 한다.(당위)

(2) 부정문

조동사의 부정은 조동사 앞에 부정 부사 不가 오는 것이 일반적입니다. 그러나 要가 염원이나 의지의 뜻인 경우 부정은 不想으로 표현합니다. 당위의 부정은 '~을 할 필요가 없다'가 되어 不用을 쓰는 것이 일반적입니다.

我不想去书店。Wǒ bù xiǎng qù shūdiàn.　　　나는 서점에 가고 싶지 않습니다.(의지)
我不用买词典。Wǒ bú yòng mǎi cídiǎn.　　　나는 사전을 살 필요가 없습니다.(당위)

(3) 의문문

你要去书店吗？Nǐ yào qù shūdiàn ma?　　　당신은 서점에 가야합니까?
你要买什么？Nǐ yào mǎi shénme?　　　　당신은 무엇을 사야합니까?

조동사 想

조동사(능원동사) 想은 동사 앞에 놓여 말하는 사람의 주관적인 바람이나 희망을 나타내며, '~하고 싶다.'의 뜻으로 쓰입니다.

(1) 긍정문

我想去中国。Wǒ xiǎng qù Zhōngguó.　　　　나는 중국에 가고 싶습니다.

我想喝啤酒。Wǒ xiǎng hē píjiǔ.　　　　나는 맥주를 마시고 싶습니다.

(2) 부정문

我不想去中国。Wǒ bùxiǎng qù Zhōngguó.　　　　나는 중국에 가고 싶지 않습니다.

我不想喝啤酒。Wǒ bùxiǎng hē píjiǔ.　　　　나는 맥주를 마시고 싶지 않습니다.

(3) 의문문

你想去中国吗? Nǐ xiǎng qù Zhōngguó ma?　　　　중국에 가고 싶습니까?

你想喝什么酒? Nǐ xiǎng hē shénme jiǔ?　　　　어떤 술을 마시고 싶습니까?

书店 [shūdiàn] 서점　词典 [cídiǎn] 사전　喝 [hē] 마시다　啤酒 [píjiǔ] 맥주　什么 [shénme] 무엇, 어떤

中国 [Zhōngguó] 중국

A : 我要买口红。
Wǒ yào mǎi kǒuhóng.

B : 我陪你去逛街。
Wǒ péi nǐ qù guàngjiē.

A : 这个颜色漂亮吗?
Zhè ge yánsè piàoliang ma?

B : 这个比较适合你。这个你喜欢吗?
Zhè ge bǐjiào shìhé nǐ. Zhè ge nǐ xǐhuan ma?

A : 很好. 我就买这个。
Hěn hǎo. wǒ jiù mǎi zhè ge.

A : 저는 립스틱을 사야 해요.

B : 제가 같이 쇼핑 가 드릴게요.

A : 이 색깔 예뻐요?

B : 이게 비교적 당신한테 잘 어울려요.
이것 마음에 드세요?

A : 아주 좋아요. 저 이걸로 할래요.

문화 TIP 중국음식(1)

夫妻肺片 fūqī fèipiàn
소의 내장을 맵게 요리한 음식

쓰촨성의 명물 먹을거리인 **夫妻肺片** fūqī fèipiàn은 '부부가 소의 허파로 요리를
만들었다'라는 뜻을 가졌지만 실제 요리에는 소허파가 들어 있지 않습니다. 소의 살코기와
심장, 혀 그리고 위를 무쳐 만들었기 때문에 원래 요리 이름은 '버려진 소의 내장을 가늘게
썰어 부부가 요리를 만들었다'는 뜻의 '**夫妻废片** fūqī fèipiàn'이었지만 나중에 废 fèi자를
동음이의어인 肺 fèi로 바꾸었다고 합니다.

문제풀기로 **실력다지기**

01 주어진 단어를 이용하여 [보기]와 같이 문장을 완성하세요.

보기

我要去<u>书店</u>。 나는 <u>서점</u>에 가야해요.

1) 中国 중국 ____________________________________

2) 美国 미국 ____________________________________

3) 书店 서점 ____________________________________

02 주어진 단어를 이용하여 [보기]와 같이 문장을 완성하세요.

보기

我要买<u>口红</u>。 나는 <u>립스틱</u>을 사야해요.

1) 书 책 ____________________________________

2) 词典 사전 ____________________________________

3) 啤酒 맥주 ____________________________________

03 괄호 안에 들어갈 단어를 [보기]에서 고르세요.

보기

不太　　　　很　　　　比较

1) 这个(　　　)适合你。　　　　　　　이것은 비교적 당신한테 잘 어울려요.

2) 这个(　　　)适合你。　　　　　　　이것은 당신한테 참 잘 어울려요.

3) 这个(　　　)适合你。　　　　　　　이것은 당신에게 그다지 어울리지 않아요.

个 ge	個 낱 **개** 일개, 사람, 명	个	个	个	个
适 shì	適 갈 **적** 가다	适	适	适	适
较 jiào	較 비교할 **교** 비교하다	较	较	较	较
买 mǎi	買 살 **매** 사다, 구매하다	买	买	买	买

가격 묻기 老板, 橘子一斤多少钱?

회화포인트

1. 가격을 묻고 답하기
2. 필요한 것 사기

문법포인트

중국의 화폐 읽는 법
1. 元과 块
2. 단위 생략
3. 二과 两

생생회화 01

A : 老板, 橘子一斤多少钱?
Lǎobǎn, júzi yì jīn duōshao qián?

사장님, 귤 한 근에 얼마에요?

B : 两块五一斤。
Liǎng kuài wǔ yì jīn.

한 근에 2.5위안입니다.

단어 

老板 [lǎobǎn] 몡 (상점의) 주인

橘子 [júzi] 몡 귤

多少 [duōshao] 떼 얼마

钱 [qián] 몡 돈

斤 [jīn] 먕 근(=500g)

块 [kuài] 먕 위안(구어에서 흔히 쓰는 돈 단위)

多+형용사

多+형용사는 의문문에 쓰여 정도나 수량을 묻는데요, 이때 형용사는 주로 단음절 형용사인 大 dà(크다), 少 shǎo(적다), 高 gāo(높다), 长 cháng(길다), 远 yuǎn(멀다), 粗 cū(굵다), 宽 kuān(넓다), 厚 hòu(두껍다) 등이 쓰이죠. 우리말로는 '얼마나 ~합니까?, ~은 얼마나 됩니까?'의 뜻을 나타냅니다.

教室多大? Jiàoshì duō dà?	교실이 얼마나 크죠?
气温多高? Qìwēn duō gāo?	기온이 얼마나 높죠?

얼마예요?

多少钱?은 가격을 묻는 표현으로 '얼마입니까?'라는 뜻이죠. 구체적인 사물의 가격이 궁금하다면 생생회화01의 "橘子一斤多少钱?"처럼 多少钱? 앞에 사물을 넣어 표현합니다. 다른 표현으로 怎么卖? 어떻게 파나요?가 있습니다. 중국에서 한 근은 500g이며 과일이나 채소, 고기를 살 때 대부분 근 단위로 거래됩니다.

橘子多少钱? júzi duōshao qián?	귤은 얼마죠?
橘子怎么卖? júzi zěnme mài?	귤은 어떻게 파나요?

A: 太贵了，便宜点儿吧。
Tài guì le. Piányi diǎnr ba.
비싸요, 깎아주세요.

B: 五块钱三斤吧。
Wǔ kuài qián sān jīn ba.
5위안에 3근 드릴게요.

단어

太～了 [tài～le] 너무～하다

贵 [guì] 혱 비싸다

便宜 [piányi] 혱 싸다

点(儿) [diǎn(r)] 향 조금, 약간

吧 [ba] 조 문장 끝에서
권유·재촉을 나타내는 어기조사

보충단어

风景 [fēngjǐng] 명 경치, 풍경

美 [měi] 혱 아름답다

热 [rè] 혱 덥다, 뜨겁다

冷 [lěng] 혱 춥다

好吃 [hǎochī] 혱 맛있다

快 [kuài] 혱뷔 빠르다, 어서

大 [dà] 혱 크다

后悔 [hòuhuǐ] 동 후회하다

형용사를 강조하는 관용적인 표현들

太～了 너무 ～하다 (불만이나 감탄)

太贵了。Tài guì le.   너무 비싸요! (불만)

风景太美了! Fēngjǐng tài měi le!   경치가 참으로 아름답군요! (감탄)

一点儿과 有点儿

一点儿과 有点儿 모두 '조금~하다'의 뜻을 가져요, 전자는 '동사/형용사＋一点儿' 형식으로 표현되고 후자는 '有点儿＋동사/형용사' 형식으로 쓰이는데요, 点儿 diǎnr을 발음할 때 n발음을 하지 않습니다.

(1) 一点儿 : 조금, 약간
주관적인 감정 없이 객관적인 정도를 나타내요.
동사, 형용사＋一点儿와 같은 형식으로 쓰이며 一를 생략할 수 있습니다.

冷一点儿。Lěng yìdiǎnr.   조금 추워요.

有大(一)点儿的吗? Yǒu dà (yì)diǎnr de ma?   조금 큰 사이즈 있습니까?

(2) 有点儿 : 조금
有点儿 ＋형용사, 동사의 형식으로 사용되며 有를 생략할 수 없습니다. 경우에 따라서는 불평이나 불만을 나타내기도 하죠.

今天有点儿冷。Jīntiān yǒudiǎnr lěng.   오늘은 조금 추워요. (불평)

他有点儿后悔。Tā yǒudiǎnr hòuhuǐ.   그는 조금 후회하고 있어요.

 **권유 · 재촉 · 제안 등을 나타내는 어기조사 吧**

(1) 친절한 명령이나 제안

快吃吧。Kuài chī ba.		어서 드세요! (친절한 명령)
快走吧。Kuài zǒu ba.		어서 가세요! (재촉)
便宜点儿吧。Piányi diǎnr ba.		조금 깎아주세요. (제안)

(2) 생각을 확인하고 싶을 때

我漂亮吧? Wǒ piàoliang ba?		제가 예쁜 것 맞죠?
今天九号吧? Jīntiān jiǔ hào ba?		오늘 9일 맞죠?

 **挺~的 꽤 ~하다 (很과 의미가 비슷하지만 很보다 더 의미가 약함)**

质量挺好的。Zhìliàng tǐng hǎo de.		품질이 꽤 좋다.
这本书写地挺好的。Zhè běn shū xiě de tǐng hǎo de.		이 책은 꽤 잘 썼다.
你的衣服挺漂亮的。Nǐ de yīfu tǐng piāoliàng de.		네 옷은 꽤 예쁘다.

그 밖에 형용사를 강조하는 표현으로 很 hěn (매우), 真 zhēn (참으로), 非常 fēicháng (아주), 十分 shífēn (매우), 特别 tèbié (특히) 등이 있습니다. 이 중 很이 가장 습관적으로 널리 사용되고 있지요. 我们 wǒmen 우리들

A: 还要别的吗?
　 Hái yào bié de ma?　　더 필요한 거 있으세요?

B: 不要了。
　 Bú yào le.　　필요한 게 없어요.

단어 

还 [hái] 〈부〉 또, 더

要 [yào] 〈동〉 원하다

别的 [biéde] 〈대〉 다른 것

吗 [ma] 〈조〉 문장 끝에 의문을 나타내는 어기조사

不要 [búyào] 〈동〉 필요 없다

了 [le] 〈조〉 문장 끝에서 어감을 나타내는 어기조사

필요한 것을 살 때는 이렇게 얘기해요!

물건을 살 때 '~주세요!'라는 표현을 중국어로는 我要+사물의 패턴으로 말할 수 있어요. 이때 要는 '~하려하다(조동사)'가 아니라 '필요하다(동사)'입니다.

我要洋葱。 Wǒ yào yángcōng.　　양파 주세요. (동사)
我要买洋葱。 Wǒ yào mǎi yángcōng.　　저는 양파를 사려고요. (조동사)

A : 您要什么? Nín yào shénme?　　뭐 필요하세요?

B : 我要面条。 Wǒ yào miàntiáo.　　저는 국수 주세요.

여러 가지 과일과 채소

水果 shuǐguǒ 과일

葡萄 pútáo 포도	西瓜 xīguā 수박	梨子 lízi 배
桃子 táozi 복숭아	草莓 cǎoméi 딸기	苹果 píngguǒ 사과
柠檬 níngméng 레몬	猕猴桃 míhóutáo 키위	香蕉 xiāngjiāo 바나나
香瓜 xiāngguā 참외	西红柿 xīhóngshì = 蕃茄 fānqié 토마토	

蔬菜 shūcài 채소

白菜 báicài 배추	葱 cōng 파	洋葱 yángcōng 양파
蒜 suàn 마늘	萝卜 luóbo 무	胡萝卜 húluóbō 당근
豆 dòu 콩	土豆 tǔdòu 감자	地瓜 dìguā 고구마
辣椒 làjiāo 고추	红辣椒 hóng làjiāo 파프리카	

 **~的의 용법**

的는 '~의', '~한'처럼 소유나 수식어와 한정어 사이를 연결하기도 하지만, 명사/동사/형용사+的 패턴으로 명사를 나타내기도 해요. 본문에서의 别的(다른 것)은 别的东西(다른 물건)에서 东西가 생략된 것으로도 볼 수 있어요.

(1) 명사+的

红的 hóng de 빨간색의 물건   我的 wǒ de 나의 물건

(2) 동사+的

吃的 chī de 먹는 것   穿的 chuān de 입는 것

(3) 형용사+的

贵的 guì de 비싼 것   便宜的 piányi de 싼 것

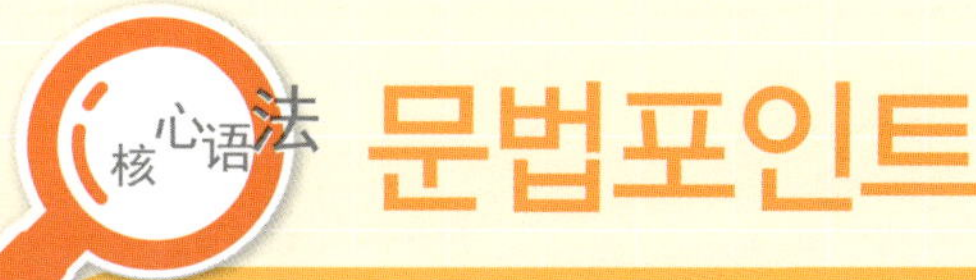

문법포인트

중국의 화폐 읽는 법

중국의 화폐 인민폐, 人民币 rénmínbì를 줄여서 RMB라고 하죠.

(1) 元과 块

중국의 공식 화폐 단위는 元 yuán 이지만 구어에서 **块 kuài** 를 많이 사용

공식 화폐 단위 : 元 yuán　　角 jiǎo(=0.1元)　　分 fēn(=0.01元)

구어 화폐 단위 : 块 kuài　　毛 máo(=0.1元)　　分 fēn(=0.01元)

*요즘 중국에서는 소액권 동전을 자동 반올림하는 경향이 있어요. 대형마트에서 물건을 살 角(毛)이하 단위는 95%이상 반올림된답니다. 어떤 책 에서는 一毛를 10전으로, 一分을 1전으로 번역하기도 합니다.

(2) 일상 회화에서는 마지막 화폐 단위는 생략 가능

17.3위안　十七块三(毛)　　shí qī kuài sān (máo)

5.6위안　五块六(毛)　　wǔ kuài liù (máo)

(3) 二과 两

위안을 읽을 때도 二와 两에 신경써야 합니다.

① 2위안, 0.2위안처럼 단독으로 쓰이면 반드시 两으로 읽어야 합니다.

　2위안　两块　liǎng kuài　　　　0.2위안　两毛　liǎng máo

② 10위안 이상의 금액을 말할 때, 1단위와 10단위의 2는 꼭 二로 읽어야 합니다.

　320위안　三百二十块　sān bǎi èr shí kuài

　12위안　十二块　　shí èr kuài

③ 마지막 자리에 오는 2는 반드시 二로 읽어야 합니다.

　2.2위안　两块二　　liǎng kuài èr

　2.22위안　两块两毛二　liǎng kuài liǎng máo èr

　　　　　两块二毛二　liǎng kuài èr máo èr

A : 老板，橘子一斤多少钱?
Lǎobǎn, júzi yì jīn duōshao qián?

B : 两块五一斤。
Liǎng kuài wǔ yì jīn.

A : 太贵了，便宜点儿吧。
Tài guì le. Piányi diǎnr ba.

B : 五块钱三斤吧。 还要别的吗?
Wǔ kuài qián sān jīn ba. Hái yào bié de ma?

A : 不要了。
Bú yào le.

A : 사장님, 귤 한 근에 얼마에요?

B : 한 근에 2.5위안입니다.

A : 너무 비싸요, 조금 깎아 주세요.

B : 5위안에 3근 드릴게요. 다른 것 더 필요하세요?

A : 괜찮습니다.

문화 TIP 중국음식

脆皮乳猪 cuìpí rǔzhū 새끼 통돼지구이

광둥성의 유명 요리인 이 요리는 혼례나 제사에 빠져서는 안 되는 음식인데요, 요리 이름을 보면 '아기 돼지를 껍질이 고소하도록 바삭바삭하게 구웠다'는 뜻이죠. 새끼 통돼지껍질은 붉은 색이 도는데 이는 조상님이 자손을 튼튼하게 지켜주기를 기원하는 것을 나타낸 것이라고 합니다.

01 [보기]를 이용하여 질문에 답해보세요.

보기

牛奶 niǔnǎi
3.5元

可乐 kělè
4.5元

红茶 hóngchá
3.2元

炒饭 chǎofàn
6.5元

1) 牛奶多少钱?

2) 可乐多少钱?

3) 红茶多少钱?

4) 炒饭多少钱?

02 괄호 안에 들어갈 단어를 [보기]에서 고르세요.

보기

A 便宜　　　　B 橘子　　　　C 还　　　　D 吧　　　　E 两块五　　　　F 多少钱

1) (　　　)一斤(　　　)?　　　귤 한 근에 얼마입니까?

2) (　　　)五一斤。　　　한 근에 2.5위안입니다.

3) (　　　)点儿吧。　　　조금 깎아 주세요.

4) 五块钱三斤(　　　)。　　　3근에 5위안 합시다.

5) (　　　)要别的吗?　　　다른 것 더 필요하세요?

钱 qián	錢 돈 **전** 돈, 화폐	钱	钱	钱	钱
块 kuài	塊 덩어리 **괴** 덩이, 덩어리	块	块	块	块
点 diǎn	點 점 **점** 약간, 조금	点	点	点	点
儿 ér	兒 아이 **아** 어린이, 아이	儿	儿	儿	儿
还 hái	還 여전히 **환** 여전히, 아직도	还	还	还	还

PART 11

길 묻기
请问，去邮局怎么走？

회화포인트

1. 길 묻고 답하기
2. 방위사
3. 걸어가면 한 ~분 걸려요

문법포인트

중국어 개사의 특징

A: 请问, 去邮局怎么走?
Qǐngwèn, qù yóujú zěnme zǒu?

말씀 좀 묻겠습니다.
우체국 어떻게 가요?

B: 往前走, 在第一个
Wǎng qián zǒu, zài dì yī ge

앞으로 가서서 첫 번째
사거리에서 우회전하세요.

十字路口右拐。
shízìlùkǒu yòu guǎi.

단어

请问 [qǐngwèn] 동 말씀 좀 여쭙겠습니다

去 [qù] 동 가다

邮局 [yóujú] 명 우체국

怎么 [zěnme] 대 어떻게 (방법을 묻는 말)

走 [zǒu] 동 가다, 걷다

往 [wǎng] 개 ~으로 향하다

前 [qián] 명 앞

在 [zài] 개 ~에서

第 [dì] 접 제(서수)

十字路口 [shízìlùkǒu] 명 사거리

右 [yòu] 명 오른쪽

拐 [guǎi] 동 돌다

어떻게 가나요?

이 말을 중국어로 옮기면 (去)+장소+怎么走?가 되는데요, 이때 去는 특정 목적지를 향해 감을 나타내죠. 去를 생략할 수도 있어요. 공손하게 길을 묻고 싶다면 질문 앞에 请问을 붙이면 됩니다.

去银行怎么走?
Qù yínháng zěnme zǒu?

은행에 가려면 어떻게 가죠?

故宫怎么走?
Gùgōng zěnme zǒu?

자금성(고궁) 어떻게 가요?

请问, 百货店怎么走?
Qǐngwèn, bǎihuò diàn zěnme zǒu?

실례지만 백화점 어떻게 가요?

'~를 향하다'의 뜻을 가진 개사 往, 向

둘 다 '~를 향하다'의 뜻을 가지고 있어요. 往은 장소나 방향을 나타내는 단어와 함께 쓰여 동작의 방향을 나타내요. 向은 방향이나 사람 앞에 쓰여 동작이 향하는 방향을 말하죠.

往前走。Wǎng qián zǒu.

앞으로 걸어가다.

往右拐。Wǎng yòu guǎi.

우회전 하세요.

向前看。Xiàng qián kàn.

(과거를 잊고) 앞만 바라보다.

向他招手。Xiàng tā zhāo shǒu.

그를 향해 손을 흔들다.

 **수사 앞에 쓰인 第**

第一个 dì yī ge		첫 번째
第二个 dì èr ge		두 번째
第三课 dì sān kè		제 3과

* 두 번째를 나타낼 때 第两个는 틀린 표현입니다.

 **방위사**

방위사는 단독으로 쓰이거나 방위를 나타내는 접미사 边, 面, 头 등과 함께
'방위사+접미사'의 형식으로 쓰입니다.

접미사	上 shàng 위	中 zhōng 가운데	下 xià 아래	前 qián 앞	后 hòu 뒤	左 zuǒ 좌	右 yòu 우	里 lǐ 안	外 wài 밖	旁 páng 옆
边 bian 쪽	上边		下边	前边	后边	左边	右边	里边	外边	旁边
面 mian 부분	上面		下面	前面	后面	左面	右面	里面	外面	×
头 tou 부, 쪽	上头		下头	前头	后头	×	×	里头	外头	×

中间 zhōngjiān 중간 附近 fùjìn 부근, 근처
旁边 pángbiān 몇, 곁 对面 duìmiàn 맞은편, 건너편
边, 面, 头 는 경성으로 발음하지만 旁边, 对面일 때는 원래 성조로 읽습니다.

A : 离这儿远吗?
Lí zhèr yuǎn ma?
여기서 먼가요?

要走多久?
Yào zǒu duō jiǔ?
얼마나 가야하죠?

단어)

离 [lí] 깨 ~로부터
这儿 [zhèr] 때 이곳
远 [yuǎn] 형 멀다
要 [yào] 통 필요하다, 걸리다, 들다
久 [jiǔ] 명 오래

보충단어)

春节 [chūnjié] 명 춘제, 설날
放假 [fàngjià] 통 방학하다
还 [hái] 부 아직
从 [cóng] 깨 ~로 부터
到 [dào] 깨 ~까지
古 [gǔ] 명 옛날
今 [jīn] 명 오늘날
坐车 [zuò chē] 차를 타다
长 [cháng] 형 길다
时间 [shíjiān] 명 시간

개사 离, 从, 到

(1) 개사 离

① 공간

离는 '~로부터', '~까지'의 뜻으로 '공간적, 시간적' 거리를 나타낼 때 기준점이 되는 장소나 시간 명사 앞에 놓입니다.

离+장소+很远。 ~로부터 멀다.
离+장소+很近。 ~로부터 가깝다.

离邮局很远。 Lí yóujú hěn yuǎn.　　우체국에서 멀다.

离书店很近。 Lí shūdiàn hěn jìn.　　서점에서 가깝다.

② 시간

离+시간+有+기간　~까지 ~만큼 남았다.

离春节有一个星期了。　　설날까지 일주일 남았다.
Lí chūnjié yǒu yí ge xīngqī le.

离放假还有三天。　　방학까지 아직 3일이 남았다.
Lí fàngjià háiyǒu sān tiān.

(2) 개사 从

从은 시간이나 장소의 출발점을, 到는 도착점을 말하죠.

你从哪里来? Nǐ cóng nǎli lái?　　당신은 어디에서 오셨나요?

你到哪里去? Nǐ dào nǎli qù?　　당신은 어디로 갑니까?

从古到今。 Cóng gǔ dào jīn.　　옛날부터 지금까지

 ### 시간의 길이를 묻는 多 + 형용사

시간의 길이를 물을 때 多久?와 多长时间?을 쓸 수 있어요.

坐车去要多久?
Zuò chē qù yào duō jiǔ?

차를 타고 가면 (시간이) 얼마나 걸리죠?

要多长时间?
Yào duō cháng shíjiān?

(시간이) 얼마나 걸리죠?

11–3

생생회화 03

B: 邮局离这儿很远。
Yóujú lí zhèr hěn yuǎn.

우체국은 여기서 멀어요.

走路大概要二十分钟。
Zǒu lù dàgài yào èrshí fēnzhōng.

걸어가면 한 20분은 걸릴 겁니다.

 ## 단어

走路 [zǒu lù] 길을 걷다
大概 [dàgài] ⊕ 아마, 대략적으로
分钟 [fēnzhōng] ⑲ 분
左右 [zuǒyòu] ⑲ 가량, 내외

 ### 걸어가면 한 20분 걸려요.

앞에서 시간사는 주어의 앞이나 뒤에 오는 것으로 공부했지만요, 어떤 동작을 하면서 소요되는 시간을 말할 때 시간사는 동사 뒤에 와야 합니다.

我八点吃早饭。(일반적으로 주어 앞이나 뒤에)
Wǒ bā diǎn chī zǎofàn.

나는 8시에 아침 식사를 한다.

走路要二十分钟。(동작을 하는데 걸리는 시간은 동사 뒤에)
Zǒulù yào èrshí fēnzhōng.

걸어가면 20분 걸려요.

 ### 대략적인 것을 말할 때 쓰는 표현

大概+동사 : 아마도

大概要二十分钟。Dàgài yào èrshí fēnzhōng.   아마 20분은 걸릴 것입니다.

시간+左右 : ~가량, 내외

三点左右 sān diǎn zuǒyòu   3시정도

 **교통과 관련된 표현들**

坐114路	zuò yāo yāo sì lù	114번 노선버스를 타다
坐车	zuò chē	차를 타다
换车	huàn chē	차를 갈아타다
倒车	dǎo chē	차를 갈아타다
	dào chē	차를 후진하다
打的	dǎdí	택시를 타다
		* 的dí는 的士 díshì택시의 줄임말
堵车	dǔ chē	차가 막히다
掉头	diàotóu	유턴하다

 문법포인트

중국어 개사의 특징

在, 从, 往, 离 등을 개사라고 하는데요, 개사는 명사 또는 구 앞에 놓여 개사구를 이루고 동사나 형용사를 수식합니다.

(1) 在 ~에서

他在北京工作。 Tā zài Běijīng gōngzuò.　　　　　그는 베이징에서 일을 합니다.

在第一个十字路口右拐。 Zài dì yī ge shízìlùkǒu yòu guǎi.　　첫 번째 사거리에서 우회전하세요.

(2) 往 ~을 향해서(동작의 방향을 나타냄)

往前走。 Wǎng qián zǒu.　　　　　앞으로 가세요.

(3) 向 ~을 향해서(동작의 방향을 나타냄)

我向大家介绍一下。 Wǒ xiàng dàjiā jièshào yíxià.　　제가 여러분께 소개해 드릴게요.

(4) 离 ~로 부터 (시간이나 공간상의 거리)

邮局离这儿很远。 Yóujú lí zhèr hěn yuǎn.　　우체국은 여기서 멀어요.

(5) 从 ~로부터 (시간이나 동작의 출발점)

你从哪里来? Nǐ cóng nǎli lái?　　당신은 어디에서 오셨나요?

(6) 到 ~까지 (시간이나 동작의 도착점)

你到哪里去? Nǐ dào nǎli qù?　　당신은 어디로 갑니까?

하오하오 중국어 첫걸음

A : 请问，去邮局怎么走?
Qǐngwèn, qù yóujú zěnme zǒu?

B : 往前走，在第一个十字路口右拐。
Wǎng qián zǒu, zài dì yī ge shízìlùkǒu yòu guǎi.

A : 离这儿远吗?
Lí   zhèr yuǎn ma?

要走多久?
Yào zǒu duō jiǔ?

B : 邮局离这儿很远。
Yóujú lí   zhèr hěn yuǎn.

走路大概要二十分钟。
Zǒu lù dàgài yào èrshí fēnzhōng.

A : 말씀 좀 묻겠습니다. 우체국 어떻게 가요?

B : 앞으로 가셔서 첫 번째 사거리에서 우회전하세요.

A : 여기서 먼가요?
　　 얼마나 가야하죠?

B : 우체국은 여기서 멀어요.
　　 걸어가면 한 20분은 걸릴 겁니다.

문화 TIP　외국인이 좋아하는 중국요리 BEST 10

전직 5성급호텔 요리사가 자신의 경험으로 외국인이 선호하는 중국의 10대 요리를 선정했다고 하네요.

糖醋里脊 tángcù lǐjī	탕수육	宮保鸡丁 gōngbǎojīdīng	사천 요리
麻婆豆腐 mápó dòufǔ	마파두부	春卷 chūnjuǎn	춘권
北京烤鸭 běijīng kǎoyā	북경오리구이	醋溜土豆丝 cùliú tǔdòu sī	감자볶음
鱼香肉丝 yúxiāng ròusī	돼지 살코기 볶음	西安饺子宴 Xī'ān jiǎoziyàn	만두요리
西红柿炒鸡蛋 xīhóngshì chǎo jīdàn	토마토 계란 볶음		
羊肉泡馍 yángròu pàomó	빵을 으깨어 양고기 국물에 넣어 먹는 음식(양고기탕)		

문제풀기로 **실력다지기**

01 괄호 안에 들어갈 단어를 [보기]에서 고르세요.

보기

A 到	B 从	C 前	D 离	E 向
F 在	G 怎么	H 长	I 大概	J 久

1) (　　)第一个十字路口右拐。　　　　첫 번째 사거리에서 우회전하세요.

2) 我(　　)大家介绍一下。　　　　제가 여러분께 소개해 드릴게요.

3) 往(　　)走。　　　　앞으로 가세요.

4) 邮局(　　)这儿很远。　　　　우체국은 여기서 멀어요.

5) 你(　　)哪里来?　　　　당신은 어디에서 오시나요?

6) 你(　　)哪里去?　　　　당신은 어디로 갑니까?

7) 请问，去邮局(　　)走?　　　　말씀 좀 묻겠습니다. 우체국 어떻게 가요?

8) 要走多(　　)?　　　　얼마나 가야하죠?

9) 走路(　　)要二十分钟。　　　　걸어가면 20분 걸립니다.

10) 坐车去要多(　　)时间?　　　　차를 타고 가면 시간이 얼마나 걸리죠?

简化的信

问 wèn	問 물을 **문** 묻다, 질문하다	问	问	问	问
邮 yóu	郵 우편 **우** (우편으로) 부치다, 보내다	邮	邮	邮	邮
离 lí	離 헤어질 **리** 분리하다, 분산하다; …로부터, …까지	离	离	离	离
远 yuǎn	遠 멀 **원** (공간적·시간적으로) 멀다, (차이가) 크다, 많다	远	远	远	远
钟 zhōng	鐘 종 **종** 종, 시각, 시간	钟	钟	钟	钟

PART 12

사무실에서
你怎么还没下班?

회화포인트

1. 곧 ~할 것이다(~이다)
2. 벌써 ~했다(이 되었다)
3. ~를 하고 있는 중이다

문법포인트

1. 了의 용법
2. 완료의 긍정형, 부정형, 의문형
3. 还와 没有

A : 已经快八点了。
Yǐjīng kuài bā diǎn le.
벌써 8시가 다 돼 가는데요.

你怎么还在办公室?
Nǐ zěnme hái zài bàngōngshì?
왜 아직도 사무실에 계세요?

단어 ●)

已经 [yǐjīng] ㉳ 벌써

快~了 [kuài~ le] 곧 ~하다

八点 [bādiǎn] ㉖ 8시

怎么 [zěnme] ㉝ 어떻게, 왜

还 [hái] ㉳ 아직도

在 [zài] ㉲ ~에 있다

办公室 [bàngōngshì] ㉮ 사무실

보충단어 ●)

快(=快要) [kuài, kuàiyào] ㉳ 곧

儿子 [érzi] ㉮ 아들

岁 [suì] ㉵ 살

到 [dào] ㉲ 도착하다

夏天 [xiàtiān] ㉮ 여름

보충단어 ●)

都 [dōu] ㉳ 이미, 벌써

今年 [jīnnián] ㉮ 올해

茶 [chá] ㉮ 차

凉 [liáng] ㉶ 시원하다

미래와 과거를 나타내는 부사

(1) 곧~할 것이다, 곧~이다

快와 快要는 미래의 시간을 나타내는 부사로 '곧'이라는 뜻을 갖고요, 문장 끝에 了와 함께 쓰이죠. 보통 부사 다음에는 동사나 형용사가 오지만요, 快~了는 快八点了 처럼 시간사를 사이에 넣어서 말해요.

〈시간사나 명사가 오는 경우〉

快八点了。Kuài bā diǎn le.   곧 8시가 됩니다.

我儿子快七岁了。Wǒ érzi kuài qī suì le.   제 아들은 곧 7살이 됩니다.

〈동사가 오는 경우〉

快要到了。Kuàiyào dào le.   곧 도착합니다.

夏天快到了。Xiàtiān kuài dào le.   여름이 곧 다가옵니다.

(2) 벌써(이미)~되었다

已经과 都는 부사인데요, 과거나 동작의 완료를 나타내요, 얘들도 앞에 나온 快 처럼 了와 함께 쓰이죠. 已经~了, 都~了는 '벌써(이미)~되었다'라는 뜻을 나타내죠. 已经과 都도 시간사와 함께 쓸 수 있어요.

我今年都三十岁了。   저는 올해 벌써 서른입니다.
Wǒ jīnnián dōu sān shí suì le.

茶都凉了。Chá dōu liáng le.   차가 벌써 식었습니다.

天已经亮了。Tiān yǐjīng liàng le.   날이 벌써 밝았습니다.

没(有) [méi(yǒu)] 🅑 ~하지 않았다

下班 [xiàbān] 🅥 퇴근하다

的 [de] 🅩 ~의

工作 [gōngzuò] 🅥 일, 일하다

完成 [wánchéng] 🅥 완성하다

보충단어 ◐

图书馆 [túshūguǎn] 🅜 도서관

这儿 [zhèr] 🅟 이곳

哭 [kū] 🅥 울다

等 [děng] 🅥 기다리다

在+장소:~에 있다, 在+동사:~를 하고 있는 중이다

你怎么还在…? 문형은 '왜 당신은 아직도 ~에 있습니까?', '왜 당신은 아직도 ~를 합니까?'로 해석됩니다. 在다음에는 장소가 오냐 동사가 오냐에 따라 의미가 달라지는데요, 그 이유는 '在+장소'는 '~에 있다', '在+동사'는 '동작의 진행형'을 나타내기 때문이죠.

(1) 你怎么还在+장소

你怎么还在图书馆? Nǐ zěnme hái zài túshūguǎn?	당신은 왜 아직도 도서관에 있습니까?
你怎么还在这儿? Nǐ zěnme hái zài zhèr?	당신은 왜 아직도 여기에 있습니까?

(2) 你怎么还在+동사

你怎么还在哭? Nǐ zěnme hái zài kū?	당신은 왜 아직도 울고 있습니까?
你怎么还在等他? Nǐ zěnme hái zài děng tā?	당신은 왜 아직도 그를 기다리고 있습니까?

12-2

생생회화 02

A: 你怎么还没下班?
　　Nǐ zěnme hái méi xiàbān?
당신은 왜 아직 퇴근 안 했어요?

B: 我的工作还没完成。
　　Wǒ de gōngzuò hái méi wánchéng.
일이 아직 안 끝났어요.

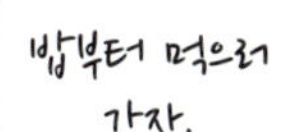

완료의 긍정형과 부정형

동작의 완료를 나타낼 때 동사+了로 표현하는데요, '~했다'의 뜻을 나타내죠.

〈긍정형〉

他下班了。Tā xiàbān le.	그는 퇴근했습니다.
我吃饭了。Wǒ chīfàn le.	저 밥 먹었어요.

我的工作都完成了。　　　　　　제 일이 모두 완성되었습니다.
Wǒ de gōngzuò dōu wánchéng le.

〈부정형〉

완료형의 부정형은 没/没有+동사(+목적어)형식으로 표현해요. 부정형일 때는 了를 생략하는 것이 중요한 포인트입니다.

他没有下班。Tā méiyǒu xiàbān.　　　　그는 퇴근하지 않았어요.

我没吃饭。Wǒ méi chīfàn.　　　　　　나는 밥을 먹지 않았습니다.

我的工作还没完成。　　　　　　　　제 일이 아직 안 끝났어요.
Wǒ de gōngzuò hái méi wánchéng.

미래를 나타내는 동태조사 了

了는 동작의 완료를 설명하지만 앞으로 '어떤 동작을 먼저 한 다음 또 다른 동작을 할 것이다'라는 뜻을 나타낼 때도 쓸 수 있어요. 이 경우 '동사+了+목적어, 再~'와 같이 표현합니다.

我们吃了饭，再喝咖啡。　　　　　우리 밥 먹고 커피 마셔요.
Wǒmen chī le fàn, zài hē kāfēi.

吃了饭，再出去。　　　　　　　　밥 먹고 나가죠.
Chī le fàn, zài chūqu.

先A，再B
동작의 선후 관계를 나타내는 표현으로는 '先A，再B'의 표현 형식도 있어요. 뜻은 '먼저 A를 하고 그 다음 B를 한다'이죠.

我们先吃饭，再喝咖啡。　　　　　우리 먼저 밥 먹고, 그 다음 커피 마셔요.
Wǒmen xiān chīfàn, zài hē kāfēi.

先吃饭，再出去。　　　　　　　　먼저 식사를 하고, 그런 다음 나갑시다.
Xiān chīfàn, zài chūqu.

보충단어 ◗

再 [zài] ㈜ 또, 다시
喝 [hē] ⑧ 마시다
咖啡 [kāfēi] ⑲ 커피
出去 [chūqu] ⑧ 밖으로 나가다, 외출하다

03

A:	你吃饭了没有? Nǐ chīfàn le méiyǒu?	밥은 먹었어요?
B:	我 刚刚 吃 了。 Wǒ gānggāng chī le.	방금 먹었습니다.

단어 

~了没有? [le méiyǒu]
~했습니까?

刚刚 [gānggāng] ⊕ 방금

완료의 의문형

~了吗?와 ~了没有?는 의미와 용법이 같아요. ~了没有?나 有没有?에서는 有를 생략해선 안 돼요.

주어+동사(+목적어)+了吗?
주어+동사(+목적어)+了没有?
주어+有没有+동사(+목적어)?

식사하셨어요?	你吃饭了吗? Nǐ chīfàn le ma?
	你吃饭了没有? Nǐ chīfàn le méiyǒu?
	你有没有吃饭? Nǐ yǒuméiyǒu chīfàn?
그 사람 퇴근 했어요?	他下班了吗? Tā xiàbān le ma?
	他下班了没有? Tā xiàbān le méi yǒu?
	他有没有下班? Tā yǒuméiyǒu xiàbān?

| 我没吃饭。Wǒ méi chīfàn. | 나는 밥을 먹지 않았어요. |
| 他没下班。Tā méi xiàbān. | 그는 퇴근하지 않았어요. |

보충단어 ●

不久 [bùjiǔ] ⊕ 오래되지 않다

懂 [dǒng] ⊛ 이해하다

回来 [huílái] ⊛ 돌아오다

有人 [yǒurén] ⊕ 어떤 사람, 누군가

找 [zhǎo] ⊛ 찾다

老板 [lǎobǎn] ⊕ 사장님

打电话 [dǎ diànhuà] 전화를 걸다

来 [lái] ⊛ 오다

刚刚과 刚才

모양이 비슷하게 생긴 刚刚(=刚)과 刚才는 의미는 같지만 품사가 달라요. 刚刚은 부사라서 동사 앞에 오고요, 刚才는 명사이기 때문에 시간사처럼 쓰여요.

| 刚来不久, 什么都不懂。
Gāng lái bùjiǔ, shénme dōu bù dǒng. | 온지가 얼마 안 돼 아는 것이 하나도 없어요. |
| 我刚刚回来, 没吃饭。
Wǒ gānggāng huí lái, méi chīfàn. | 저는 방금 돌아와서 밥을 먹지 않았어요. |

| 刚才有人找你。
Gāngcái yǒurén zhǎo nǐ. | 방금 누군가가 당신을 찾았습니다. |
| 刚才老板打电话来了。
Gāngcái lǎobǎn dǎ diànhuà lái le. | 방금 사장님이 전화했어요. |

01 了 의 용법

(1) 동사 뒤에 놓이는 了 : 동작의 완료(동태조사)

A: 你吃了吗? Nǐ chī le ma?　　　　　　　식사하셨어요?
B: 我吃了。你呢? Wǒ chī le. nǐ ne?　　　　먹었습니다. 당신은요?

(2) 문장 끝에 놓이는 了 : 새로운 상황이 발생함으로 인한 상황의 변화(어기조사)

下雨了。xiàyǔ le.　　　　　　　　　　비 온다.
下雪了。xiàxuě le.　　　　　　　　　　눈 온다.

(3) 부사와 함께 쓰이거나 문장 끝에서 별 의미 없이 강조 등의 어감을 나타냄

已经快八点了。Yǐjīng kuài bā diǎn le.　　　벌써 8시가 다 돼 갑니다.

呢 ne 이미 알고 있는 상황을 되물을 때 (대)명사 뒤에 쓰임　下雨 [xiàyǔ] 비가 내리다

下雪 [xiàxuě] 눈이 내리다

02 완료의 긍정형과 부정형 그리고 의문형

동작의 완료나 실현을 나타내는 표현은 '동사+了'패턴을 취하죠. 부정형은 '没(有)+동사'로 표현해 동작이나 상태의 발생을 부정합니다. 부정형 일 때 동사 뒤의 了는 생략합니다.

긍정:　　她结婚了。Tā jiéhūn le.　　　　그녀는 결혼했습니다.
부정:　　她没有结婚。Tā méiyǒu jiéhūn.　　그녀는 결혼하지 않았습니다.
의문문:　她结婚了吗? Tā jiéhūn le ma?　　그녀는 결혼했습니까?
　　　　她有没有结婚? Tā yǒuméiyǒu jiéhūn?

03 不와 没有

(1) 不용법

不는 '不+동사'로 쓰여 주관적 의지의 부정을 뜻하며, 과거·현재·미래에 두루 쓰입니다. 没有는 '没/没有+동사'형태로 쓰여 과거의 일이나 경험 그리고 객관적 사실을 부정할 때 사용됩니다. 미래에 대해 말할 땐 쓰지 않아요.

我不结婚。Wǒ bù jiéhūn.　　　　　　나는 결혼을 하지 않을 겁니다.
我没有结婚。Wǒ méiyǒu jiéhūn.　　　저는 결혼을 하지 않았습니다.

(2) 没有의 **용법**

완료형을 부정할 때 没有를 쓰는데요, '没有+명사'는 '～이 없다'이고, '没/没有+동사'는 과거의 경험·사실 등을 부정하며 목적어가 오는 경우 '没有+동사+목적어'의 형식으로 표현합니다.

① 没有+명사 : ～이 없다(존재나 소유의 부정을 나타냄)

我没有男朋友。	Wǒ méiyǒu nánpéngyou.	나는 남자 친구가 없습니다.
他没有毛衣。	Tā méiyǒu máoyī.	그는 스웨터가 없습니다.

② 没(有)+동사 : ～하지 않았다(완료의 부정형)

我没有喝咖啡。	Wǒ méiyǒu hē kāfēi.	저는 커피를 마시지 않았습니다.
我没有买毛衣。	Wǒ méiyǒu mǎi máoyī.	저는 스웨터를 사지 않았습니다.

04 还의 용법

본문에 '还'가 여러 번 나왔는데요, 그 의미는 조금씩 다릅니다.
일반적으로 '还'는 뒤의 동사나 형용사를 강조하는 역할을 합니다.

(1) 아직, 아직도 :　弟弟还没有回来。Dìdi hái méiyǒu huílái.　　남동생은 아직 돌아오지 않았습니다.
　　　　　　　　　他还在图书馆。Tā hái zài túshūguǎn.　　　그는 아직도 도서관에 있습니다.

(2) 뿐만 아니라, 또 :你还去过哪儿? Nǐ hái qù guo nǎr?　　　당신은 또 어디를 가 봤습니까?
　　　　　　　　　你还想吃什么? Nǐ hái xiǎng chī shénme?　당신 또 무엇을 먹고 싶습니까?

(3) 꽤, 그런대로 :　你去过的国家还真不少啊!　　　　당신은 가본 나라가 꽤 많군요!
　　　　　　　　　Nǐ qù guo de guójiā hái zhēn bù shǎo ā!

　　　　　　　　　你买的东西还真不少啊!　　　　　당신은 산 물건이 꽤 많군요!
　　　　　　　　　Nǐ mǎi de dōngxi hái zhēn bù shǎo ā!

A ：　已经快八点了。
Yǐjīng kuài bā diǎn le.

你怎么还在办公室?
Nǐ zěnme　hái　zài bàngōngshì?

B ：　你怎么还没下班?
Nǐ zěnme　hái méi xiàbān?

A ：　我的工作还没完成。
Wǒ de gōngzuò hái méi wánchéng.

你吃饭了没有?
Nǐ chīfàn　le　méiyǒu?

B ：　我刚刚吃了。
Wǒ gānggāng chī le.

A :   벌써 8시가 다 돼 가는데요. 왜 아직도 사무실에 계세요?

B :   당신은 왜 아직 퇴근 안 했어요?

A :   일이 아직 안 끝났어요. 밥은 먹었어요?

B :   방금 먹었습니다.

문화 TIP   외국인이 좋아하는 중국요리 BEST 10

중국 사람들이라면 누구나 중국어를 엄청 잘할 것 같지만, 출신지역 억양의 영향으로 발음이 안 좋은
사람도 굉장히 많아요. 중국어의 사투리는 완전히 외국어 수준이라 普通話 pǔtōnghuà 보통화가 아니면
중국인들끼리도 필담을 주고받아야 할 정도죠.

한끝차이로 달라지는 중국어 단어! 항공권을 사야 되는 상황이라고 가정해 볼까요? 모스크바와 멕시코의
중국어 발음이 유사하기 때문에 말 한 번 잘못했다가는 모스크바를 가야할 사람이 멕시코에 내리는 일이
일어날 수도 있겠죠?

莫斯科 Mòsīkē 모스크바   墨西哥 Mòxīgē 멕시코

01 괄호 안에 들어갈 단어를 [보기]에서 고르세요.

보기

A 已经	B 快	C 怎么	D 在	E 没
F 还没	G 了没有	H 刚刚	I 了	J 没有

1) 我的工作(　　)完成。　　　　일이 아직 안 끝났어요.

2) (　　)(　　)八点了。　　　　벌써 8시가 다 돼 가는데요.

3) 你吃饭(　　)?　　　　밥은 먹었어요?

4) 你怎么还(　　)下班?　　　　당신은 왜 아직 퇴근 안 했어요?

5) 我(　　)吃了。　　　　방금 먹었습니다.

6) 你(　　)还(　　)办公室?　　　　왜 아직도 사무실에 계세요?

7) 下雪(　　)。　　　　눈 온다.

8) 他(　　)下班。　　　　그는 퇴근하지 않았어요.

经 jīng	經 날실 **경** (사람의 손 등을) 거치다, (장소를) 경유하다, 통과하다	经	经	经	经
还 hái	還 여전히 **환** 여전히. 아직도, 또, 더	还	还	还	还
办 bàn	辦 다스릴 **판** 처리하다, 다루다	办	办	办	办
饭 fàn	飯 밥 **반** 밥, 식사	饭	饭	饭	饭

옷 가게에서 我想买衬衣。

회화포인트

1. 조금, 약간
2. 옷과 신발에 따른 양사
3. ～하고 ～하다
4. 저에게 보여 줄 수 있습니까?

문법포인트

1. 给의 용법
2. 능원동사 能, 会

A : 您想买点儿什么?
Nín xiǎng mǎi diǎnr　shénme?
무엇을 사려하십니까?

B : 我想买衬衣。
Wǒ xiǎng mǎi　chènyī.
저는 셔츠를 사고 싶습니다.

단어

一点儿 [yìdiǎnr] ⑱ 조금, 약간

买 [mǎi] ⑧ 사다

衬衣 [chènyī] ⑲ 셔츠

有点儿 [yǒudiǎnr] ⑭ 조금, 약간

一点儿와 有点儿

(1) 一点儿 yìdiǎnr: 조금, 약간
'동사/형용사+(一)点儿'과 같은 형식으로 쓰이며, 본문에서처럼 '一'를 생략할 수 있습니다.

您想买点儿什么?
Nín xiǎng mǎi diǎnr shénme?
무엇을 사려하십니까?

我会说一点儿汉语。
Wǒ huì shuō yìdiǎnr Hànyǔ.
저는 중국어를 조금 할 줄 압니다.

(2) 有点儿 yǒudiǎnr: 조금
'有点儿 +형용사/동사'의 형식으로 사용되며 有를 생략해서는 안 됩니다.

他有点儿后悔。
Tā yǒudiǎnr hòuhuǐ.
그는 조금 후회합니다.

今天刮风有点儿冷。
Jīntiān guāfēng yǒudiǎnr lěng.
오늘은 바람이 불어 조금 춥습니다.

보충단어

会 [huì] ⑧ 할 줄 알다, 할 것이다

汉语 [Hànyǔ] ⑲ 중국어

后悔 [hòuhuǐ] ⑧ 후회하다

刮风 [guāfēng] ⑧ 바람이 불다

冷 [lěng] ⑱ 춥다

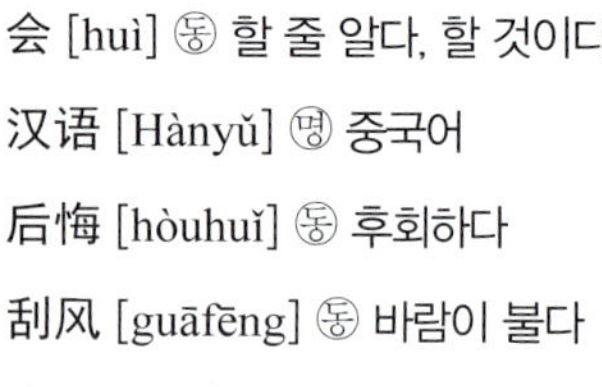

点의 용법

1) 소수점	三点二五 sān diǎn èr wǔ 3.25
	四点零三 sì diǎn líng sān 4.03
2) 시간	两点 liǎng diǎn 2시 / 八点 bā diǎn 8시
3) 클릭하다, 세보다	点一下! Diǎn yíxià! 클릭하다, 돈을 세보다

생생회화 02

A: 这件怎么样? 这是纯棉的。
Zhè jiàn zěnmeyàng? Zhè shì chún mián de.

이 옷은 어떻습니까?
이것은 순면 제품인데요.

价格又便宜质量又好。
Jiàgé yòu piányi zhìliàng yòu hǎo.

가격도 저렴하고
품질도 좋습니다.

단어

件 [jiàn] 양 벌(웃옷을 셀 때)

怎么样 [zěnmeyàng] 대 어떠한가
(상태를 묻는 의문대사)

这 [zhè] 대 이것

纯 [chún] 형 순수하다, 완전히

棉 [mián] 명 면

价格 [jiàgé] 명 가격

又~又~ [yòu~yòu] 부 ~하고
~하다

质量 [zhìliàng] 명 품질

보충단어

夹克 [jiākè] 명 재킷

裤子 [kùzi] 명 바지

裙子 [qúnzi] 명 치마

皮鞋 [píxié] 명 구두

只有 [zhǐyǒu] 동 ~밖에 없다

西服 [xīfú] 명 양복

옷과 신발에 따른 양사

(1) 件 jiàn 개, 벌 (웃옷이나 서류를 세는 단위)

我想买一件夹克。
Wǒ xiǎng mǎi yí jiàn jiākè.

저는 재킷 한 개를 사고 싶습니다.

这件文件有多少页?
Zhè jiàn wénjiàn yǒu duōshao yè?

이 서류는 몇 페이지까지 있어요?

(2) 条 tiáo 벌 (바지나 치마를 세는 단위)

这条裤子多少钱?
Zhè tiáo kùzi duōshao qián?

이 바지 한 벌에 얼마입니까?

这条裙子很漂亮。
Zhè tiáo qúnzi hěn piàoliang.

이 치마 참 예쁘다.

(3) 双 shuāng 켤레(짝을 이루는 신발이나 양말 등을 세는 단위)

这双皮鞋不便宜。
Zhè shuāng píxié bù piányi.

이 구두는 싸지 않군요.

(4) 套 tào 상하 한 벌의, 세트로 된 것을 세는 단위

我只有一套西服。
Wǒ zhǐyǒu yí tào xīfú.

저는 양복이 한 벌 밖에 없습니다.

漂亮 [piàoliang] 혱 예쁘다

能干 [nénggàn] 혱 유능하다

瘦 [shòu] 혱 마르다

高 [gāo] 혱 (키가) 크다

外面 [wàimian] 몡 바깥

~하고 ~하다 又~又~

又+형용사+又+형용사는 어떤 상황이나 성질이 동시에 존재하는 것을 나타내요. 又 다음에는 주로 형용사가 오는데, 又+동사+목적어+又+동사+목적어처럼 가끔 동사가 오는 경우도 있어요.

他又瘦又高。 Tā yòu shòu yòu gāo.	그는 마르고 키도 크다.
她又漂亮又能干。 Tā yòu piàoliang yòu nénggàn.	그녀는 예쁘고 유능합니다.
外面又刮风又下雨。 Wàimian yòu guāfēng yòu xiàyǔ.	바깥에는 바람도 불고 비도 온다.

又와 再

又와 再는 모두 동작의 반복이나 지속을 나타내어 '또' 또는 '다시'라는 의미를 갖습니다.

(1) 又 yòu 또 다시
① 이미 발생한 일에 대해

他又生气了。Tā yòu shēngqì le.	그는 또 화가 났습니다.
我今天又迟到了。Wǒ jīntiān yòu chídào le.	저는 오늘 또 지각을 했습니다.

② 어떤 상황이나 성질이 동시에 존재할 때

人又多又挤。Rén yòu duō yòu jǐ.	사람이 많고 비좁다.
地铁又方便又省时。Dìtiě yòu fāngbiàn yòu shěngshí.	지하철은 편리하고 시간도 절약됩니다.

(2) 再 zài 또, 다시
아직 일어나지 않은 일에 대해

请再说一遍。Qǐng zài shuō yíbiàn.	다시 한 번 말씀해 주세요.
明天再讨论吧。Míngtiān zài tǎolùn ba.	내일 다시 토론합시다.

生气 [shēngqì] 통 화나다

迟到 [chídào] 통 지각하다

多 [duō] 혱 많다

挤 [jǐ] 통 붐비다

地铁 [dìtiě] 몡 지하철

省时 [shěngshí] 통 시간을 절약하다

一遍 [yí biàn] 한 번

明天 [míngtiān] 몡 내일

讨论 [tǎolùn] 통 토론하다

B: 看上去还可以。 보기에는 괜찮은데요.
Kàn shàng qù hái kěyǐ.

能拿给我看看吗? 저에게 보여 줄 수 있습니까?
Néng ná gěi wǒ kànkan ma?

A: 您试试看。 좀 입어보시죠.
Nín shìshi kàn.

단어

看上去 [kàn shàng qù] 동
보아하니

还 [hái] 부 그런대로

可以 [kěyǐ] 동형 ~할 수 있다,
좋다

能 [néng] 동 ~할 수 있다

拿 [ná] 동 집다

给 [gěi] 개 ~에게

看 [kàn] 동 보다

试 [shì] 동 시험 삼아 해 보다

보충단어

陪 [péi] 동 동반하다

对不起 [duìbuqǐ] 미안합니다.

抽烟 [chōuyān] 동 담배를 태우다

进去 [jìnqù] 동 들어가다

능원동사도 되고 형용사도 되는 可以

(1) 좋다(형용사)

还可以。Hái kěyǐ.	그런대로 괜찮다.
价格还可以。Jiàgé hái kěyǐ.	가격은 그런대로 괜찮다.

(2) ~할 수 있다(능원동사)
가능을 나타내며 부정형은 不可以가 아니라 不能 입니다.

A: 你可以陪我吗? Nǐ kěyǐ péi wǒ ma?	당신 저랑 같이 가줄 수 있어요?
B: 不能。Bùnéng.	안돼요.

(3) 허락을 표시(능원동사)
허락의 뜻을 나타낼 때 부정형은 不能과 不可以를 둘 다 사용할 수 있어요.

A: 我可以进去吗? Wǒ kěyǐ jìnqù ma?	제가 들어가도 될까요?
B: 可以。Kěyǐ.	들어오세요.

A: 我可以抽烟吗? Wǒ kěyǐ chōuyān ma?	제가 담배를 피워도 될까요?
B: 不可以。Bù kěyǐ.	안됩니다.

 **동사/형용사의 중첩**

(1) 동사의 중첩

동사를 중첩시키면 '~을 좀 하다'의 뜻으로, 중첩을 통해 동작의 시간이 짧거나 횟수가 적음을 나타내는데요. 1음절 동사 중첩은 두 번째 음절을 경성으로 발음하고, 2음절 동사 중첩은 2번째와 4번째 음절을 경성으로 발음해요.

① 1음절 동사의 중첩 AA/A一A

看 kàn	보다
看看 kànkan	좀 보세요
看一看 kàn yi kàn	한 번 보세요

听 tīng	듣다
听听 tīngting	좀 들어보세요
听一听 tīngyitīng	한 번 들어보세요

동사의 중첩은 VV 또는 V一V형식으로 쓰여요. 이때 一는 경성으로 발음합니다.

② 2음절 동사의 중첩 ABAB

考慮 kǎolǜ	고려하다
考慮考慮 kǎolü kǎolü	좀 고려하다

打扫 dǎsǎo	청소하다
打扫打扫 dǎsao dǎsao	청소 좀 하다

이 밖에 같은 맥락으로 '~좀 해 봐'라는 뜻의 V一下儿도 자주 쓰여요.

您试试看。 Nín shìshi kàn. =您试一下儿。Nín shì yíxiàr.	한번 입어보세요.

您再试试裙子。 Nín zài shìshi qúnzi. =您再试一下儿裙子。 Nín zài shì yíxiàr qúnzi.	이번에는 치마를 좀 입어보세요.

(2) 형용사의 중첩

형용사를 중첩시키면 很보다 강한 느낌의 '매우~하다', '아주~하다'의 뜻으로 정도의 강조를 나타내는데요, 1음절 형용사 중첩은 일반적으로 두 번째 음절 뒤에 儿을 붙이고 1성으로 발음해요. 2음절 형용사 중첩은 2번째 음절을 경성으로 발음한답니다.

① 1음절 형용사의 중첩 AA

好 hǎo	좋다
好好儿 hǎohāor	잘, 충분히

早 zǎo	일찍
早早儿 zǎozāor	일찌감치

② 2음절 형용사의 중첩 AABB

干净 gānjìng	깨끗하다
干干净净 gānganjingjìng	매우 깨끗하다

认真 rènzhēn	성실하다
认认真真 rènrenzhēnzhēn	매우 성실하다

 13-4

01 给의 용법

(1) ~에게 ~하다 (개사)

'给+사람+동사(목적어)'의 형식으로 쓰이고요, 목적어 자리에는 동작을 받는 대상이 와요.

能给我看看吗? Néng gěi wǒ kànkan ma?
동사

我给他打电话。Wǒ gěi tā dǎ diànhuà.
동사 목적어

他给我介绍朋友。Tā gěi wǒ jièshào péngyou.
동사 목적어

저에게 좀 보여 줄 수 있습니까?

나는 그에게 전화를 합니다.

그는 나에게 친구를 소개시켜 줍니다.

(2) 주다 (동사)

동사적 용법의 给는 给+(사람)간접목적어+(사물)직접목적어의 형식으로 쓰이고, 사람과 사물이라는 두 개의 목적어를 취해요.

请给我时间。Qǐng gěi wǒ shíjiān.
간접목적어 직접목적어

能给我 一块钱吗? Néng gěi wǒ yí kuài qián ma?
간접목적어 직접목적어

他给我词典。Tā gěi wǒ cídiǎn.
간접목적어 직접목적어

저에게 시간을 주세요.

저에게 1위안짜리 줄 수 있어요

그는 나에게 사전을 줍니다.

打电话 [dǎ diànhuà] 전화를 걸다　时间 [shíjiān] 시간　一块钱 [yí kuài qián] 1위안

(1) 能 néng : ~할 수 있다, ~해도 좋다

주관적으로 어떤 능력을 가지고 있거나, 어떤 일을 할 수 있는 상황이 구비함을 나타내요. 부정형은 不能입니다

〈능력〉

我能看中文书。Wǒ néng kàn zhōngwén shū.	나는 중국어 책을 볼 줄 압니다. (할 수 있는 능력)
我能吃辣的。Wǒ néng chī là de.	나는 매운 음식을 잘 먹어요. (타고난 능력)

〈상황의 가능 여부〉

我能看看吗? Wǒ néng kànkan ma?	제가 좀 볼 수 있을까요?
他明天能来。Tā míngtiān néng lái.	그는 내일은 올 수 있어요.

(2) 会 huì : ~할 것이다, ~할 수 있다

가능성이나 추측 그리고 배워서 할 줄 아는 것을 말해요.

今天他会迟到。 Jīntiān tā huì chídào.	오늘은 그는 늦게 올 것이다.
明天早上他会来。 Míngtiān zǎoshang tā huì lái.	그는 내일 아침에 올 것이다.
他会说汉语。 Tā huì shuō Hànyǔ.	그는 중국어를 할 줄 압니다.
我会做菜。 Wǒ huì zuòcài.	나는 요리를 할 줄 알아요.
我不会游泳。 Wǒ búhuì yóuyǒng.	나는 수영을 할 줄 모릅니다.

中文书 [zhōngwén shū] 중국어로 된 책　辣的 [là de] 매운 음식　迟到 [chídào] 지각하다

汉语 [Hànyǔ] 중국어　做菜 [zuòcài] 요리하다　游泳 [yóuyǒng] 수영하다

A :　您想买点儿什么?
Nín xiǎng mǎi diǎnr shénme?

B :　我想买衬衣。
Wǒ xiǎng mǎi chènyī.

A :　这件怎么样? 这是纯棉的。
Zhè jiàn zěnmeyàng? Zhè shì chún mián de.
价格又便宜质量又好。
Jiàgé　yòu piányi zhìliàng yòu hǎo.

B :　看上去还可以。
Kàn shàng qù hái kěyǐ.
能拿给我看看 吗?
Néng ná gěi wǒ kànkan ma?

A :　您试试看。
Nín　shìshi　kàn.

A : 무엇을 사려하십니까?

B : 저는 셔츠를 사고 싶습니다.

A : 이 옷은 어떻습니까? 이것은 순면 제품인데요. 가격도 저렴하고 품질도 좋습니다.

B : 보기에는 괜찮은데요. 저에게 보여 줄 수 있습니까?

A : 좀 입어보시죠.

문화 TIP 외국인이 좋아하는 중국요리 BEST 10

중국인들은 '좋은 일은 짝을 이루어서 동시에 찾아온다'는 뜻의 '好事成双 hǎo shì chéng shuāng' 이란 말을 철썩 같이 믿습니다. 이 때문에 선물을 하거나 축의금을 낼 때는 늘 홀수가 아닌 짝수로 하죠. 부조금을 낼 때는 홀수로 합니다.

선물을 고를 때 흰색이나 검은색은 피하는 것이 좋습니다. 흰색은 순결을 의미하지만 중국인들은 흰색은 상중에 사용하는 슬픔의 색이라고 생각합니다. 검은색도 같은 맥락에서 행운과는 먼 색이라고 생각하기 때문에 중국 사람들이 행운의 상징으로 여기는 빨간색이나 밝은 색을 고르는 것이 좋습니다.

문제풀기로 **실력다지기**

01 괄호 안에 들어갈 단어를 [보기]에서 고르세요.

A 怎么样	B 又	C 点儿	D 看	E 能
F 给	G 可以	H 会	I 做	

1) 这件(　　)?　　　　　　　　이 옷 어때요?

2) (　　)拿(　　)我看看吗?　　저에게 좀 보여 줄 수 있어요?

3) 您试试(　　)。　　　　　　한번 입어보세요.

4) 您想买(　　)什么?　　　　뭐 사시게요?

5) 价格(　　)便宜质量(　　)好。　　가격이 싸고 품질도 좋아요.

6) 看上去还(　　)。　　　　　　보기에는 괜찮은데요.

7) 我(　　)他打电话。　　　　나는 그에게 전화를 한다.

8) 我(　　)(　　)菜。　　　　나는 요리를 할 줄 알아요.

简化的信

衬 chèn	襯 속옷 **츤** 안에 덧대다, 받쳐 주다	衬　衬　衬　衬
样 yàng	樣 모양 **양** 모양, 모습, 본보기, 모범	样　样　样　样
这 zhè	這 이 **저** 이것, 이	这　这　这　这
价 jià	價 값 **가** 값, 가격	价　价　价　价
质 zhì	質 성질 **질** 물질, 성질	质　质　质　质
给 gěi	給 줄 **급** 주다, (…에게) …을(를) 시키다(하도록 하다)	给　给　给　给
试 shì	試 시험할 **시** 시험삼아 해 보다	试　试　试　试

PART
14
전화걸기
喂！你现在在哪儿？
西西商店
SUBWAY
비올 거 같아.
날씨 좋다!
여보세요?
지금 어디세요?

회화포인트

1. 전화 표현
2. 위치 설명하기
3. ~했나요?
4. 비가 많이 와요!

문법포인트

1. 진행형의 긍정과 부정
2. 지속형 着

생생회화 01

A: 喂! 你现在在哪儿?
　　Wéi! Nǐ xiànzài zài nǎr?
　　여보세요? 지금 어디세요?

B: 我在地铁站。
　　Wǒ zài dìtiězhàn.
　　지하철역에 있어요.

단어

喂 [wéi] 〔감〕 여보세요!

现在 [xiànzài] 〔명〕 지금

在 [zài] 〔동〕 ~에 있다

哪儿 [nǎr] 〔대〕 어디

地铁 [dìtiě] 〔명〕 지하철

站 [zhàn] 〔명〕 역

전화 걸 때 제일 먼저 하는 말 喂!

喂!에는 두 개의 발음이 있어요. wéi! wèi!인데요, 4성으로 발음 할 때는 너무 강하게 발음하지 않도록 주의해야 합니다. 강하게 발음하면 화나서 상대를 부르는 "이봐!"의 의미가 있기 때문이죠.

A: 喂! 王先生在吗? Wéi! Wáng xiānsheng zài ma?　여보세요! 왕선생님 계십니까?

B: 不在。 Bú zài.　안 계십니다.

A: 喂! 你干吗? Wèi! Nǐ gànmá?　이봐요! 지금 뭐하자는 겁니까?

B: 没有啊! Méiyǒu a!　아무것도 아닙니다.

TIP 전화 표현

(1) 장소를 확인할 때

A: 是东东商店吗? Shì Dōngdōng shāngdiàn ma?　둥둥 상점인가요?

B: 这里是西西商店。Zhèli shì Xīxī shāngdiàn.　여기는 시시 상점입니다.

(2) ~를 바꿔주세요.

A: 我找金先生。Wǒ zhǎo Jīn xiānsheng.　김 선생님 부탁드려요.

B: 请问您哪里找? Qǐngwèn nín nǎli zhǎo?　실례지만, 어디신가요?

(3) 전화번호를 확인할 때

A : 您那里不是78821234吗?　　　　　　　　거기 78821234번 아닌가요?
　　　Nín nàli búshì qī bā bā èr yāo èr sān sì ma?

B : 你打错了。Nǐ dǎ cuò le.　　　　　　　　잘못 거셨습니다.

(4) 상대방에게 기다리라고 말할 때

请稍等。Qǐng shāo děng.　　　　　　　　잠시만 기다리세요.

보충단어 

先生 [xiānsheng] 똉
선생님(남성에 대한 존칭)

干吗 [gànmá] 때 뭐해?

找 [zhǎo] 똥 찾다

哪里 [nǎli] 때 어디 =哪儿 [nǎr]

那里 [nàli] 때 그곳 =那儿 [nàr]

打错 [dǎ cuò] 똥 잘못 걸다

稍 [shāo] 뛴 조금

学校 [xuéxiào] 똉 학교

家 [jiā] 똉 집

上大学 [shàng dàxué] 똥 대학에
다니다

看书 [kàn shū] 똥 책을 보다,
독서하다

在의 용법

동사	개사	부사
在+장소: ~에 있다	在+장소+동사+(빈어) ~에서 …를 하다	在+동사+(빈어)+(呢) ~을 하는 중이다 (동작의 진행)
我在家。 Wǒ zài jiā. 나는 집에 있다.	我在英国上大学。 Wǒ zài Yīngguó shàng dàxué. 나는 영국에서 대학을 다닙니다.	他在看书呢。 Tā zài kàn shū ne. 그는 책을 읽는 중입니다.

생생회화 02

A: 我在等朋友呢。　나는 친구를 기다리는 중입니다.
　　Wǒ zài děng péngyou ne.

B: 你那儿下雨了吗?　거기 비와요?
　　Nǐ　nàr　xiàyǔ　le ma?

단어 

在~(呢) [zài~ne] 뙤 ~하는 중이다(동작의 진행)

等 [děng] 동 기다리다

朋友 [péngyou] 명 친구

那儿 [nàr] 대 그곳

下雨 [xiàyǔ] 동 비가 내리다

了吗 [le ma] ~했습니까?

위치를 설명할 때 인칭대명사+这儿/ 那儿

你那儿 nǐ nàr　　현재 당신이 있는 그곳(사무실, 집 등)

我这儿 wǒ zhèr　　지금 내가 있는 이곳

我去你那儿吧。Wǒ qù nǐ nàr ba.　내가 당신한테로 갈게요.

你来我这儿好不好?
Nǐ lái wǒ zhèr hǎobuhǎo?　　당신이 저 있는 쪽으로 올래요?

보충단어

这儿 [zhèr] 대 이곳

开始 [kāishǐ] 동 시작하다

刮风 [guāfēng] 동 바람이 불다

感冒 [gǎnmào] 명동 감기, 감기에 걸리다

~了吗? ~했습니까?

동작의 완료형이나 상황의 변화를 나타내는 표현 둘 다에 쓸 수 있습니다.

A: 外面刮风了吗? Wàimian guāfēng le ma?　바깥에 바람이 부나요?

B: 开始刮风了。Kāishǐ guāfēng le.　바람이 불기 시작했어요.

A: 你吃饭了吗? Nǐ chīfàn le ma?　식사는 하셨어요?

B: 我吃了。你呢? Wǒ chī le。Nǐ ne?　먹었어요. 당신은요?

A: 感冒了吗? Gǎnmào le ma?　감기에 걸리셨어요?

B: 我感冒了。Wǒ gǎnmào le.　나는 감기에 걸렸습니다.

刚 [gāng] 閉 방금

下周 [xiàzhōu] 명 다음 주

注册 [zhùcè] 명 수강신청하다,
등록하다

TIP

开始는 동사로 '시작하다'이지만 '开始+동사' 형식으로 쓰이면 '어떤 동작을
시작함'을 나타내요.

他刚开始学习汉语。
Tā gāng kāishǐ xuéxí Hànyǔ.

그는 막 중국어를 배우기 시작했습니다.

学校下周开始注册。
Xuéxiào xiàzhōu kāishǐ zhùcè.

학교는 다음 주부터 수강신청이
시작됩니다.

생생회화 03

A: 正在下雨呢。
Zhèngzài xiàyǔ ne.

지금 비가 내리고 있어요.

雨好大。
Yǔ hǎo dà.

비가 되게 많이 와요.

雨 [yǔ] 명 비

好 [hǎo] 閉 매우

大 [dà] 형 크다

동작의 진행형 표현법

'正(在)+동사+呢'는 동작의 진행을 나타내는 표현입니다. '在+동사' 또는 '동사+呢'와
같이 표현할 수도 있습니다.

부사	+동사	+呢	해석
正	我正吃饭 (呢)。 Wǒ zhèng chīfàn (ne).		나는 식사중입니다.
在	他在睡觉(呢)。 Tā zài shuìjiào (ne).		그는 잠을 자는 중입니다.
正在	我正在休息(呢)。 Wǒ zhèngzài xiūxi (ne).		나는 쉬고 있는 중입니다.

呢의 용법

(1) 서술문 문장 끝에 쓰인 呢는 동작의 진행을 나타냅니다.

我(在)打电话呢。Wǒ (zài) dǎ diànhuà ne.	저는 지금 전화 통화중입니다.
我(在)说话呢。Wǒ (zài) shuō huà ne.	저는 지금 말하고 있는 중입니다.

(2) 의문문 문장 끝에 쓰여 부드러운 의문의 어기를 나타냅니다.

你在哪儿呢? Nǐ zài nǎr ne?	당신은 어디에 있습니까?
你几号回来呢? Nǐ jǐ hào huílái ne?	당신은 며칠에 돌아옵니까?

보충단어

休息 [xiūxi] ⑧ 휴식하다

睡觉 [shuìjiào] ⑧ 잠을 자다

打电话 [dǎ diànhuà] ⑧ 전화를 걸다

说话 [shuōhuà] ⑧ 말을 하다

回来 [huílái] ⑧ 돌아오다

外面雨很大。

비 또는 눈의 양을 나타낼 경우 우리말로는 '많다' 또는 '적다'라는 표현을 사용하지만 중국어로는 大(크다) 또는 小(작다)로 나타냅니다.

今天雨很大。Jīntiān yǔ hěn dà.	오늘 비가 많이 옵니다.
外面雨大吗? Wàimian yǔ dà ma?	바깥에 비가 많이 오나요?

01 진행형의 긍정과 부정

긍정형

正在，正，在+동사 + (呢)		
他在看电影(呢).	Tā zài kàn diànyǐng (ne).	그는 영화를 보는 중입니다.
他们正在上课(呢).	Tāmen zhèngzài shàngkè (ne).	그들은 수업중입니다.

부정형

주어+没有+동사+목적어로 표현하고 正在，正，在 등 부사 쓰지 않아요.		
他没有看电影(呢)。	Tā méiyǒu kàn diànyǐng (ne).	그는 영화를 보지 않았어요.
他们没有上课(呢)。	Tāmen méiyǒu shàngkè (ne).	그들은 수업을 하지 않았어요.

의문문

正在，正，在+동사+(목적어)+吗?		
他在看电影吗?	Tā zài kàn diànyǐng ma?	그는 영화를 보는 중입니까?
他们正在上课吗?	Tāmen zhèngzài shàngkè ma?	그들은 수업중입니까?

02 지속형 着

동사+着는 (1) 동작의 진행이나 (2) 상태의 지속을 나타냅니다. (1)의 경우 진행형과 함께 쓰이지만 (2)는
진행형이 올 수 없습니다.

동작의 진행	상태의 지속
我正忙着呢。Wǒ zhèng máng zhe ne. 내가 지금 한창 바빠요.	老师站着上课呢。Lǎoshī zhàn zhe shàngkè ne. 선생님은 서서 수업을 합니다.

긍정형

주어+동사+着+(목적어)(+呢)	门开着呢。Mén kāi zhe ne.　문이 열려져 있어요.

부정형

주어+没有+동사+着+(목적어)	门没有开着。Mén méiyǒu kāi zhe.　문이 열려져 있지 않아요.

의문형

주어+동사+着+(목적어)+吗? / 没有?	门开着吗?　Mén kāi zhe ma? 门开着没有?　Mén kāi zhe méiyǒu?　문이 열려져 있어요?

看 [kàn] 보다　电影 [diànyǐng] 영화　上课 [shàngkè] 수업하다　忙 [máng] 바쁘다

门 [mén] 문　开 [kāi] 열다

A : 喂! 你现在在哪儿?
Wéi! Nǐ xiànzài zài nǎr?

B : 我在地铁站。
Wǒ zài dìtiězhàn.

我在等朋友呢。
Wǒ zài děng péngyou ne.

A : 你那儿下雨了吗?
Nǐ nàr xiàyǔ le ma?

B : 正在下雨呢。
Zhèngzài xiàyǔ ne.

雨好大。
Yǔ hǎo dà.

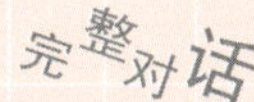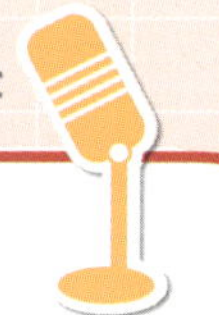

A : 여보세요? 지금 어디세요?

B : 지하철역에 있어요. 나는 친구를 기다리는 중입니다.

A : 거기 비와요?

B : 지금 내리고 있어요. 비가 되게 많이 와요.

문화 ^{TIP} **외국인이 좋아하는 중국요리 BEST 10**

과일 배

중국 사람의 집을 방문할 때 절대 배를 선물해선 안 됩니다. 배는 중국어로 梨 lí라고 하는데요, 그 발음이 '헤어지다'라는 뜻의 离(離) lí와 같아 작별을 상징하죠. 중국 연인들은 사귀다 헤어지면 작별선언을 하기 보다는 말없이 배를 주기도 한 다네요.

괘종시계

손목시계는 괜찮지만 괘종시계는 절대 선물해선 안 돼요. 중국어로 괘종시계는 钟 zhōng이고요, '괘종시계를 선물하다'는 送钟 sòngzhōng인데요, 그 발음이 '임종을 지키다, 장례를 치르다'라는 뜻의 送终 sòngzhōng과 같기 때문입니다.

우산과 부채

우산 伞 sǎn과 부채 扇 shàn의 발음이 '헤어지다'라는 뜻의 散 sàn과 비슷하기 때문에 이 두 가지 선물도 기피합니다.

문제풀기로 **실력다지기**

01 괄호 안에 들어갈 단어를 [보기]에서 고르세요.

보기

A 正在	B 那儿	C 了吗	D 等	E 下雨
F 大	G 开着	H 现在	I 在	J 在中国

1) 你那儿下雨(　　)?　　　　당신 있는 거기 비와요?

2) 雨好(　　)。　　　　비가 되게 많이 와요.

3) 我在(　　)朋友呢。　　　　나는 친구를 기다리는 중입니다.

4) 喂! 你(　　)在哪儿?　　　　여보세요? 지금 어디세요?

5) 正在(　　)呢。　　　　지금 비가 내리고 있어요.

6) 我(　　)地铁站。　　　　저는 지하철역에 있어요.

7) 门(　　)呢。　　　　문이 열려져 있어요.

8) 他们(　　)上课呢。　　　　그들은 수업중입니다.

9) 我(　　)工作。　　　　나는 중국에서 일합니다.

10) 我去你(　　)吧。　　　　내가 당신한테로 갈게요.

简化的信

铁 tiě	鐵 쇠 **철** 쇠, 철	铁	铁	铁	铁
门 mén	門 문 **문** (출)입구, 현관, 문	门	门	门	门
开 kāi	開 열 **개** 열다, 켜다, (합쳐진 것이) 벌어지다	开	开	开	开

PART 15

경험 你去过成都吗?

회화포인트

1. ~해본 적 있어요?
2. 나는 여러 번 가봤어요
3. 가능보어

문법포인트

1. 경험형/완료형 过

A: 你去过成都吗?
Nǐ qùguo Chéngdū ma?

청두에 가본 적 있어요?

B: 去过, 我还去过上海呢。
Qùguo, wǒ hái qùguo Shànghǎi ne.

가본 적 있어요. 나는 상하이도 가 봤어요.

단어

去 [qù] 동 가다

过 [guo] 조 ~한 적 있다, ~했다

成都 [Chéngdū] 명 청두

还 [hái] 부 또, 게다가

上海 [Shànghǎi] 명 상하이

경험형 동사 + 过: ~ 해본 적 있다

긍정형	주어+동사+过+(목적어)	我去过中国。 Wǒ qùguo Zhōngguó. 나는 중국에 가본 적 있습니다.
부정형	주어+没(有)+동사+过+(목적어)	我没有去过中国。 Wǒ méiyǒu qùguo Zhōngguó. 나는 중국에 가본 적 없습니다.
의문형	주어+동사+过+(목적어)+吗/没有?	你去过中国吗? Nǐ qùguo Zhōngguó ma? 你去过中国没有? Nǐ qùguo Zhōngguó méiyǒu? 당신은 중국에 가본 적 있습니까?

还의 용법

(1) 아직

我还不知道。Wǒ hái bù zhīdào.	나는 아직 몰라요.

(2) 또, 게다가

他还去过香港。Tā hái qùguo Xiānggǎng.	그는 게다가 홍콩도 가봤어요.

(3) 여전히

十年过去了，她还很漂亮。 Shí nián guòqù le, tā hái hěn piàoliang.	10년이 지났는데도 그녀는 여전히 예쁘다.

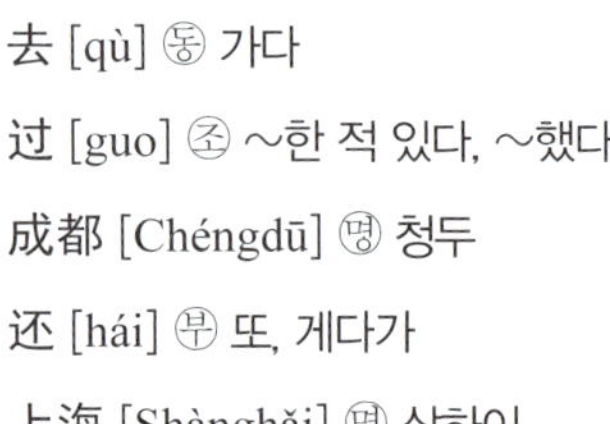

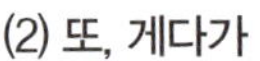

坐 [zuò] 동 앉다, 타다
飞机 [fēijī] 명 비행기
知道 [zhīdào] 동 알다
香港 [Xiānggǎng] 명 홍콩
过去 [guòqù] 동 지나가다

(4) 그런대로, 꽤

我的中文还可以。
Wǒ de zhōngwén hái kěyǐ.

제 중국어 실력은 그런대로
괜찮은 편이죠.

TIP

过의 발음

동사+过 일 때는 가볍게 경성으로 발음하고, 过去 guòqù 지나가다 동사일 때는
4성으로 발음합니다.

15-2

생생회화 02

A: **上海我没去过。**
Shànghǎi wǒ méi qùguo.

상하이, 난 아직 못 가봤어요.

B: **我去过好多次。**
Wǒ qùguo hǎo duō cì.

나는 여러 번 가봤어요.

단어 

没 [méi] 부 ~하지 않았다
好 [hǎo] 부형 매우, 좋다
多 [duō] 형 많다
次 [cì] 양 번

강조하고 싶은 주제어는 문장 맨 앞으로 빼서 강조

중국어는 원래 주어+동사+목적어 구조로 표현하죠?

我去过上海。 Wǒ qùguo Shànghǎi.

난 상하이에 가봤어요.

하지만 강조 싶은 주제어가 있으면 문장 맨 앞으로 놓아 강조할 수 있어요.

上海我去过。 Shànghǎi wǒ qùguo.

상하이, 난 가봤어요.

一天 [yìtiān] ⑲ 하루

这本书 [zhè běn shū] 이 책

一共 [yígòng] ⑮ 모두

电影 [diànyǐng] ⑲ 영화

顿 [dùn] ⑳ 번, 차례, 끼 (식사, 질책, 권고 등을 세는 단위)

被 [bèi] ⑧ ~에 의해

爸爸 [bàba] ⑲ 아빠

骂 [mà] ⑧ 욕하다

동량사 次와 遍 그리고 回

遍과 次 그리고 回은 모두 동작 또는 변화의 횟수를 나타내는 동량사입니다.

(1) 次 cì

동작의 횟수를 나타내며 일반적으로 반복해서 일어나는 일에 사용합니다.

中国我去了很多次。　　중국에 난 여러번 가봤어요.
Zhōngguó wǒ qù le hěn duō cì.

一天刷三次牙。　　하루에 세 번 양치질 한다.
Yìtiān shuā sān cì yá.

(2) 遍 biàn

한 동작이 시작해서 끝날 때까지의 전체 과정을 나타냅니다.

这本书我一共看了三遍。　　나는 이 책을 모두 3번이나
Zhè běn shū wǒ yígòng kàn le sān biàn.　　읽었습니다.

这部电影我看了好几遍。　　이 영화를 나는 여러 번 봤습니다.
Zhè bù diànyǐng wǒ kàn le hǎo jǐ biàn.

(3) 回 huí

回도 次와 마찬가지로 반복해서 일어날 수 있는 동사에 사용됩니다.

中国我去过三回。　　중국을 저는 3번 가봤습니다.
Zhōngguó wǒ qùguo sān huí.

顿은 식사, 질책, 구타 등의 동작에 사용합니다.

我一天吃三顿饭。　　나는 하루에 세끼를 먹습니다.
Wǒ yìtiān chī sān dùn fàn.

我被爸爸骂了一顿。　　나는 아버지한테 야단을 맞았습니다.
Wǒ bèi bàba mà le yí dùn.

A: 你还去过哪些地方?　또 어떤 곳들을 가봤어요?
Nǐ hái qùguo nǎ xiē dìfang?

B: 太多了。说不完!　너무 많아요. 말로 다 못해요.
Tài duō le. Shuō bu wán!

단어

哪 [nǎ] 데 어느
些 [xiē] 양 조금, 약간, 몇 (복수를 나타냄)
地方 [dìfang] 명 장소
说 [shuō] 통 말하다
完 [wán] 통 끝나다

가능보어란?

가능보어는 긍정일 때는 동사+得+보어, 부정일 때는 '동사+不+보어'의 표현 방식으로 주관 또는 객관적인 조건의 실현 여부를 나타냅니다.

긍정형	부정형
동사+得+完(~을 끝내다)	동사+不+完(~을 끝내지 못하다)
说得完 shuō de wán 말로 다 얘기할 수 있다.	说不完 shuō bu wán 말로 다 할 수 없다.
看得完 kàn de wán 다 볼 수 있다.	看不完 kàn bu wán 다 볼 수 없다.
打得开 dǎ de kāi 열리다	打不开 dǎ bu kāi 열리지 않다
看得懂 kàn de dǒng 이해하다	看不懂 kàn bu dǒng 이해하지 못하다.

비슷한 것 같지만 의미가 다른 상용 가능보어

(1) 긍정형: 동사+得了 de liǎo (~할 수 있다)
　　부정형: 동사+不了 bu liǎo (~할 수 없다)

买得了 mǎi de liǎo	(수량이 넉넉해서) 살 수 있다
买不了 mǎi bu liǎo	(수량이 부족해서) 살 수 없다.
吃得了 chī de liǎo	(너무 많지만) 먹을 수 있다.
吃不了 chī bu liǎo	(너무 많아서) 먹을 수 없다.

(2) 긍정형: 동사 + 得起 de qǐ (~할 수 있다)
　　부정형: 동사 + 不起 bu qǐ (~할 수 없다)

买得起　mǎi de qǐ	(경제적 능력되어) 살 수 있다.
买不起　mǎi bu qǐ	(경제적 능력이 안 돼) 살 수 없다.
吃得起　chī de qǐ	(경제 능력이 돼서) 먹을 수 있다.
吃不起　chī bu qǐ	(경제 능력이 안 돼) 먹을 수 없다.

(3) 긍정형: 동사+得到 de dào (~할 수 있다)
　　부정형: 동사+不到 bu dào (~할 수 없다)

买得到　mǎi de dào	(여기저기 찾아서) 드디어 사다.
买不到　mǎi bu dào	(여기저기 알아봤지만) 사지 못했다.
做得到　zuò de dào	할 수 있다.
做不到　zuò bu dào	할 수 없다.

복수를 나타내는 些

복수를 표현할 때는 些를 사용할 수 있어요.

一个人 yí ge rén 한 사람	一本书 yì běn shū 책 한권	一张桌子 yì zhāng zhuōzi 책상 하나	一件衣服 yí jiàn yīfu 옷 한 벌
一些人 yì xiē rén 사람들	一些书 yì xiē shū 여러 책들	一些桌子 yì xiē zhuōzi 여러 책상들	一些衣服 yì xiē yīfu 여러 옷들

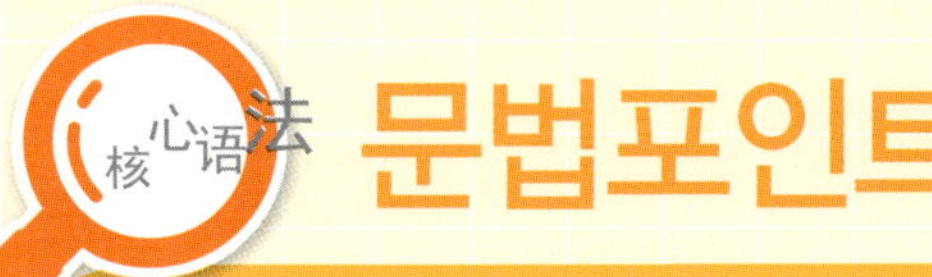

문법포인트

경험형/완료형 동사+过

(1) 경험형: 동사+过   ~해 본 적 있다

긍정형	주어+동사+过+(목적어)	我坐过飞机。 Wǒ zuòguo fēijī. 나는 비행기를 타본 적 있습니다.
부정형	주어+没有+동사+过+(목적어)	我没有坐过飞机。 Wǒ méiyǒu zuòguo fēijī. 나는 비행기를 타본 적 없습니다.
의문형	주어+동사+过+(목적어)+吗/没有?	你坐过飞机吗? Nǐ zuòguo fēijī ma? 你坐过飞机没有? Nǐ zuòguo fēijī méiyǒu? 당신은 비행기를 타본 적 있습니까?

(2) 완료형: 동사+过   ~했다

'동사+过'는 경험형 외에도 완료를 나타낼 때도 쓰여요. 표현방법은 경험형과 똑같아요. 완료형의 긍정형은 주어+동사+过(+목적어)+了와 함께 쓰일 수 있어요.

긍정형	동사+过+목적어+了	我吃过饭了。Wǒ chīguo fàn le. 나는 밥을 먹었다.
부정형	주어+没有+동사+过+(목적어)	我没有吃过饭。Wǒ méiyǒu chīguo fàn. 나는 밥을 먹지 않았다.
의문형	주어+동사+过+(목적어)+吗/没有?	你吃过饭吗? Nǐ chīguo fàn ma? 你吃过饭没有? Nǐ chīguo fàn méiyǒu? 당신은 식사를 하셨나요?

A :　你去过成都吗?
　　Nǐ qùguo Chéngdū ma?

B :　去过. 我还去过上海呢。
　　Qùguo.　wǒ hái qùguo Shànghǎi ne.

A :　上海我没去过。
　　Shànghǎi wǒ méi qùguo.

B :　我去过好多次。
　　Wǒ qùguo hǎo duō cì.

A :　你还去过哪些地方?
　　Nǐ hái qùguo nǎ xiē dìfang?

B :　太多了。 说不完!
　　Tài duō le.　Shuō bu wán!

A :　　　청두에 가본 적 있어요?

B :　　　가본 적 있어요. 나는 게다가 상하이도 가 봤어요.

A :　　　상하이, 난 아직 못 가봤어요.

B :　　　나는 여러 번 가봤어요.

A :　　　또 어떤 곳들을 가봤어요?

B :　　　너무 많아요. 말로 다 못해요.

문화 TIP　외국인이 좋아하는 중국요리 BEST 10

중국 사람들 사이에서는 人民币 Rénmínbì 인민폐에 등장하는 풍경지를 찾아 인증 샷을 찍는 게 유행처럼 번진지 오래입니다. 1999년판 백 위안, 50위안, 20위안, 10위안, 5위안 그리고 1위안 지폐 정면에는 모두 '마오쩌둥'의 얼굴이 새겨져 있고요, 뒷면에는 중국에서 아름답기로 소문난 풍경지가 그려져 있죠.

100위안 : 人民大会堂 Rénmín dàhuìtáng (베이징 인민대회당)　　50위안 : 布达拉宫 Bùdálāgōng (티베트 라싸 포탈라궁)

20위안 : 丽江 Líjiāng (광시좡족자치구 구이린 리강)　　10위안 : 瞿塘峡 Qútángxiá (양쯔강 삼협중 가장 좁다는 구당협)

5위안 : 泰山　Tàishān (산둥성 태산)　　1위안 : 三潭印月 Sāntán yìnyuè (항저우 서호 삼담인월)

01 괄호 안에 들어갈 단어를 고르세요.

1) 你(   )云南吗? 윈난성에 가본 적 있어요?

① 吃过　② 去过　③ 看过

2) 我(   )去过上海呢。 나는 게다가 상하이도 가 봤어요.

① 还　② 又　③ 再

3) 上海我(   )。 상하이, 난 아직 못 가봤어요.

① 没看过　② 没喝过　③ 没去过

4) 太(   )了。 너무 많아요.

① 大　② 小　③ 多

5) 你还去过(   )地方? 또 어떤 곳들을 가봤어요?

① 哪个　② 那些　③ 哪些

6) 我去过(   )。 나는 여러 번 가봤어요.

① 好多遍　② 很多顿　③ 好多次

7) 说不(   )! 말로 다 못해요.

① 到　② 懂　③ 完

8) 我(   )了。 나는 밥을 먹었다.

① 看过书　② 吃过饭　③ 喝过茶

简化的信

过
guo

過 지날 **과**
~한 적이 있다

过　过　过　过

还
hái

還 여전히 **환**
여전히, 아직도; 또, 더

还　还　还　还

说
shuō

說 말할 **설**
말하다, 이야기하다;
설명하다, 해석

说　说　说　说

PART 16

날씨 韩国的冬天怎么样?

회화포인트

1. ~에 익숙해지다, 습관
2. 비교적 ~하다
3. 아직 ~그다지 하지 않다
4. 비록 ~하지만 그러나
5. 듣자하니 ~이라더라

문법포인트

비교문

A: 这儿的天气你习惯了吗?
Zhèr de tiānqì nǐ xíguàn le ma?

이곳 날씨에 익숙해지셨어요?

B: 天气比较潮湿，还不太习惯。
Tiānqì bǐjiào cháoshī, hái bútài xíguàn.

날씨가 비교적 습해서 아직 익숙하지 않았어요.

단어

这儿 [Zhèr] 때 이곳

天气 [tiānqì] 명 날씨

习惯 [xíguàn] 통명 익숙해지다, 습관

比较 [bǐjiào] 부통 비교적, 비교하다

潮湿 [cháoshī] 형 습하다

还 [hái] 부 아직

不太 [bútài] 그다지~하지 않다

보충단어

广东 [Guǎngdōng] 명 광둥성

已经 [yǐjīng] 부 이미, 벌써

读 [shū] 통 읽다

有 [yǒu] 통 있다

一定 [yídìng] 부 반드시

要 [yào] 통 ~해야 한다

改 [gǎi] 통 고치다

掉 [diào] 통 버리다

手机 [shǒujī] 명 휴대폰

按键 [ànjiàn] 명 버튼

习惯의 용법

(1) ~에 익숙하다(동사)

A: 广东的天气你习惯了吗?
Guǎngdōng de tiānqì nǐ xíguàn le ma?

광둥성의 날씨에 익숙해지셨어요?

B: 已经习惯了。
Yǐjīng xíguàn le.

벌써 익숙해 졌어요.

(2) 습관(명사)

你有读书习惯吗?
Nǐ yǒu dú shū xíguàn ma?

독서하는 습관 있으세요?

我有个坏习惯。
Wǒ yǒu ge huài xíguàn.

나는 나쁜 습관이 하나 있어요.

TIP

'坏 huài'의 세 가지 용법

(1) 나쁘다
坏习惯一定要改!
Huài xíguàn yídìng yào gǎi!

나쁜 습관은 반드시 고쳐야 한다.

(2) (과일, 채소가) 상하다
苹果坏掉了。
Píngguǒ huài diào le.

사과가 상했어요.

(3) (기계가) 고장 나다
手机按键坏掉了。
Shǒujī ànjiàn huài diào le.

휴대폰 버튼이 고장 났어요.

压力 [yālì] 명 스트레스

大 [dà] 형 크다

夏天 [xiàtiān] 명 여름

热 [rè] 형 덥다

东西 [dōngxi] 명 물건

以前 [yǐqián] 명 예전에

先 [xiān] 부 먼저

동사 + 一下 [yíxià] ~을 좀 하다

不要 [búyào] 동 ~하지 마라

和 [hé] 접 ~와

别人 [biérén] 명 다른 사람

了解 [liǎojiě] 동 이해하다

明白 [míngbai] 동 이해하다

适应 [shìyìng] 동 적응하다

比较 비교적 ~하다, 비교하다

(1) 비교적 ~하다 (부사)

压力比较大。Yālì bǐjiào dà.	스트레스가 비교적 큰 편이다.
夏天比较热。Xiàtiān bǐjiào rè.	여름에 비교적 덥다.

(2) 비교하다 (동사)

比较一下。 Bǐjiào yíxià.	먼저 비교를 좀 해 보자.
不要和别人比较。 Búyào hé biérén bǐjiào.	남과 비교하지 마세요.

还不太 + 동사: 아직 그다지 ~하지 않다

还不太了解。Hái bútài liǎojiě.	아직 그다지 이해가 되지 않는다.
还不太明白。Hái bútài míngbai.	
还不太适应。hái bútài shìyìng.	아직 그다지 적응이 되지 않는다.

A : 韩国的冬天怎么样?
Hánguó de dōngtiān zěnmeyàng?

한국의 겨울은 어때요?

B : 虽然很冷, 但是比这儿
Suīrán hěn lěng, dànshì bǐ zhèr

暖和多了。
nuǎnhuo duo le.

비록 춥지만 그래도
여기보다는 훨씬
따뜻해요.

단어 

冬天 [dōngtiān] 몡 겨울

怎么样? [zěnmeyàng] 어때요?

虽然~但是~ [suīrán~dànshì]
비록~하지만 그러나

比 [bǐ] 꽤 ~에 비해

暖和 [nuǎnhuo] 혱 따뜻하다

多 [duō] 🔢 많다, 훨씬

热 [rè] 혱 덥다

冷 [lěng] 혱 춥다

虽然…但是 비록 ~하지만 그러나

但是는 역접의 뜻으로 虽然과 호응하여 '비록 ~하지만 그러나'의 뜻으로 쓰입니다.
但是, 可是, 不过는 모두 같은 의미입니다.

(1) 虽然~但是

他虽然很瘦, 但是吃得很多。
Tā suīrán hěn shòu, dànshì chī de hěn duō.

그는 비록 말랐지만
많이 먹습니다.

(2) 虽然~可是

他喜欢运动, 可是不喜欢学习。
Tā xǐhuan yùndòng, kěshì bù xǐhuan xuéxi.

그는 운동을 좋아하지만
공부하는 것은 좋아하지
않습니다.

(3) 虽然~不过

白天很热, 不过晚上很冷。
Báitiān hěn rè, búguò wǎnshang hěn lěng.

낮에는 덥지만
그러나 밤에는 추워요.

因为 …所以… ~ ~하기 때문에 ~하다

원인을 나타내는 因为는 所以, 就 등과 호응하고 '因为 …所以…'는 '…하기 때문에
…하다'라는 뜻을 갖습니다. 所以 는 인과 관계의 문장에서 결론을 나타내는 접미사로
'因为+원인, 所以 +결과'의 형식으로 쓰입니다. 경우에 따라 因为를 생략할 수도
있습니다.

瘦 [shòu] 혱 마르다

喜欢 [xǐhuan] 동 좋아하다

运动 [yùndòng] 명동 운동, 운동하다

学习 [xuéxí] 동 공부하다

白天 [báitiān] 명 낮

晚上 [wǎnshang] 명 밤

有事 [yǒushì] 동 일이 있다

苗条 [miáotiao] 혱 날씬하다

穿 [chuān] 동 입다

朋友 [péngyou] 명 친구

块 [kuài] 양 위안(화폐단위)

钱 [qián] 명 돈

长城 [Chángchéng] 명 만리장성

长 [cháng] 혱 길다

岁数 [suìshù] 명 나이, 연세

因为有事，所以我没有去。
Yīnwèi yǒu shì, suǒyǐ wǒ méiyǒu qù.

일이 있었기 때문에 가지 않았습니다.

因为她很苗条，穿什么都很漂亮。
Yīnwèi tā hěn miáotiao, chuān shénme dōu hěn piàoliang.

그녀는 날씬하기 때문에 무엇을 입어도 다 예쁩니다.

多의 용법

(1) 많다	我有很多朋友。Wǒ yǒu hěn duō péngyou. 저는 친구가 많습니다.
(2) 초과하다, 남다	多了十块钱。Duō le shí kuài qián. 10위안이 남습니다.
(3) 多…啊! [duō…a!] 감탄을 나타냄	多漂亮啊! Duō piàoliang a! 얼마나 예뻐요!
(4) 의문문에 쓰여 정도를 물음	长城多长? Chángchéng duō cháng? 만리장성은 얼마나 깁니까? 您多大岁数? Nín duō dà suìshù? 연세가 어떻게 되십니까?
(5) 10이상의 숫자 다음에 쓰여 '…여', '남짓'의 뜻을 나타냄	二十多个人 èr shí duō ge rén 20여명

A比B+술어: A가 B보다 ~하다(비교문)

比这儿暖和多了。Bǐ zhèr nuǎnhuo duo le.   여기보다 따뜻해요.

他比我胖。Tā bǐ wǒ pàng.   그는 나보다 뚱뚱합니다.

他比我有钱。Tā bǐ wǒ yǒu qián.   그는 나보다 돈이 많아요.

생생회화
03

A : 听说今年冬天比去年更冷。
Tīngshuō jīnnián dōngtiān bǐ qùnián gèng lěng.

듣자하니 올 겨울은 작년보다 춥대요.

B : 我很怕冷, 怎么办?
Wǒ hěn pà lěng, zěnme bàn?

나는 추위를 타는데 어쩌죠?

단어 ●

听说 [tīngshuō] 동 듣자 하니
今年 [jīnnián] 명 올해
去年 [qùnián] 명 지난해
怕 [pà] 동 걱정하다, 두려워하다
怎么 [zěnme] 대 어떻게
办 [bàn] 동 처리하다

보충단어 ●

中文 [zhōngwén] 명 중국어
汉语 [Hànyǔ] 명 중국어
能力 [nénglì] 명 능력
四季分明 [sìjì fēnmíng] 사계절이 뚜렷하다
天气预报 [tiānqì yùbào] 명 일기예보
说 [shuō] 동 말하다
凉爽 [liángshuǎng] 형 시원하다
热 [rè] 형 덥다
真 [zhēn] 부 정말

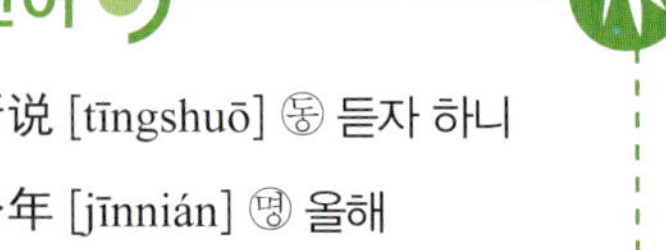

听说 듣자하니 ～이라더라

听说他的中文很好。
Tīngshuō tā de zhōngwén hěn hǎo.

듣기로 그는 중국어를 잘한대요.

你听说过吗? Nǐ tīngshuō guo ma?

그런 얘기 들은 적 있어요?

A+比+B+(更)+형용사: A가 B보다 (더) ～하다(비교문)

今年比去年冷。Jīnnián bǐ qùnián lěng.

올해가 작년보다 춥다.

她比我更苗条。Tā bǐ wǒ gèng miáotiao.

그녀는 나보다 더 날씬하다.

TIP

날씨 관련 표현들

韩国四季分明。Hánguó sìjì fēnmíng.

한국은 사계절이 분명해요.

天气预报怎么说? Tiānqì yùbào zěnme shuō?

일기예보에서는 뭐래요?

很凉爽。Hěn liángshuǎng.

아주 시원해요.

热死了。Rè sǐ le.

더워 죽겠어요.

真冷。Zhēn lěng.

정말 춥네요.

 # 문법포인트

비교문

중국어에서 비교를 표시하는 방법은 여러 가지가 있습니다.

(1) A比B+술어: A가 B보다 …하다

他的弟弟比我高。 Tā de dìdi bǐ wǒ gāo. 그의 남동생이 나보다 키가 크다.

他考得比我好。 Tā kǎo de bǐ wǒ hǎo. 그는 시험을 나보다 잘 봤습니다.

(2) A+比 +B+(更)+형용사: A가 B보다 (더)~하다

今年比去年冷。 Jīnnián bǐ qùnián lěng. 올해가 작년보다 춥다.

他比我更有钱。 Tā bǐ wǒ gèng yǒu qián. 그는 나보다 더 돈이 많습니다.

(3) A和B差不多: A와 B가 비슷하다

天气和韩国差不多。 Tiānqì hé Hánguó chàbuduō. 날씨가 한국과 비슷합니다.

他的身高和我差不多。 Tā de shēngāo hé wǒ chàbuduō. 그의 키는 나와 비슷합니다.

(4) A+跟+B+一样+형용사

这个跟那个一样贵。 Zhè ge gēn nà ge yíyàng guì. 이것은 저것과 마찬가지로 비쌉니다.

(5) A+和+B+(不)一样: A와 B가 같다(같지 않다).

他跟以前不一样了。 Tā gēn yǐqián bù yíyàng le. 그는 예전하고 완전 딴판이에요.

他的跑车和我的一样。 Tā de pǎochē hé wǒ de yíyàng. 그의 스포츠카는 제 것과 똑같습니다.

A+跟+B+一样+형용사는 'A는 B와 마찬가지로 …하다'라는 뜻을 갖습니다.

(6) 비교문 부정형 A+没有+B+술어

他没有我高。 Tā méiyǒu wǒ gāo. 그는 나보다 키가 크지 않습니다.

薪水 [xīnshui] 급여   高 [gāo] 높다, 키가 크다   考 [kǎo] 시험, 시험보다   身高 [shēngāo] 신장

和 [hé] ~와   跟 [gēn] ~와   以前 [yǐqián] 예전에, ~하기 전에   不 [bù] 아니다   一样 [yíyàng] 똑같다

跑车 [pǎochē] 스포츠카   贵 [guì] 비싸다

A : 这儿的天气你习惯了吗?
Zhèr de tiānqì nǐ xíguàn le ma?

B : 天气比较潮湿, 还不太习惯。
Tiānqì bǐjiào cháoshī, hái bútài xíguàn.

A : 韩国的冬天怎么样?
Hánguó de dōngtiān zěnmeyàng?

B : 虽然很冷, 但是比这儿暖和多了。
Suīrán hěn lěng, dànshì bǐ zhèr nuǎnhuo duo le.

A : 听说今年冬天比去年更冷。
Tīngshuō jīnnián dōngtiān bǐ qùnián gèng lěng.

B : 我很怕冷, 怎么办?
Wǒ hěn pà lěng, zěnme bàn?

A: 이곳 날씨에 익숙해지셨어요?

B: 날씨가 비교적 습해서 아직 익숙하지 않았어요.

A: 한국의 겨울은 어때요?

B: 비록 춥지만 그래도 여기보다는 훨씬 따뜻해요.

A: 듣자하니 올 겨울은 작년보다 춥대요.

B: 나는 추위를 타는데 어쩌죠?

문화 TIP 논어를 알면 세상이 보인다!

중국에는 '반 권의 논어만 있으면 세상을 다스린다. 半部论语治天下 bànbù Lúnyǔ zhìtiānxià'라는 말이 있는데요, 배움의 중요성을 이르는 이 말은 중국 북송의 명재상이었던 조보(赵普 Zhàopǔ)에게서 유래되었죠.

조보는 시골 출신으로 북송 태조를 도와 나라를 세웠습니다. 그가 평생 읽은 책이라고는 논어밖에 없었는데요. 태조가 이를 알고는 조보에게 사실을 묻자, 조보는 당당하게 "신이 평생 읽은 책이라고는 논어 밖에 없습니다. 그 반은 태조께서 천하를 도모하는데 도움을 드렸고, 이제 나머지 반은 폐하께서 태평성대를 여시는데 기여하겠습니다."라고 말했다고 전합니다.

01 괄호 안에 들어갈 단어를 [보기]에서 고르세요.

보기

A 虽然	B 不太	C 办	D 习惯	E 听说
F 更	G 多了	H 比较	I 怕冷	J 冬天

1) 天气(　　)潮湿，还(　　)习惯。　　　　날씨가 비교적 습해서 아직 익숙하지 않았어요.

2) 我很(　　)，怎么(　　)?　　　　나는 추위를 타는데 어쩌죠?

3) 这儿的天气你(　　)了吗?　　　　이곳 날씨에 익숙해 지셨어요?

4) 韩国的(　　)怎么样?　　　　한국의 겨울은 어때요?

5) (　　)今年冬天比去年(　　)冷。　　　　듣자하니 올 겨울은 작년보다 춥대요.

6) (　　)很冷，但是比这儿暖和(　　)。　　　　비록 춥지만 그래도 여기보다는 훨씬 따뜻해요.

习 xí	習 익힐 **습** 배우다, 학습하다	习	习	习	习
气 qì	氣 기운 **기** 기체, 가스, 공기	气	气	气	气
湿 shī	濕 축축할 **습** 습하다, 축축하다	湿	湿	湿	湿
虽 suī	雖 비록 **수** 비록 …이지만	虽	虽	虽	虽
听 tīng	聽 들을 **청** 듣다, 받아들이다, 따르다	听	听	听	听
说 shuō	說 말할 **설** 말하다, 설명하다, 해석하다	说	说	说	说
办 bàn	辦 다스릴 **판** 처리하다, 취급하다	办	办	办	办

주말에 뭐했어요?
周末，你是怎么过的？

회화포인트

1. 주말 어떻게 보냈어요?
2. '어떠하다' 또는 '어떻게'
3. 한 두 번

문법포인트

1. 정도보어
2. 구조조사

A: 周末，你是怎么过的?
Zhōumò, nǐ shì zěnme guò de?

주말 어떻게 보냈어요?

B: 我去公园打羽毛球了。
Wǒ qù gōngyuán dǎ yǔmáoqiú le.

공원에 가서
배드민턴을 했어요.

단어

周末 [zhōumò] 명 주말

怎么 [zěnme] 대 어떻게

过 [guò] 동 지내다, 보내다

去 [qù] 동 가다

公园 [gōngyuán] 명 공원

打 [dǎ] 동 때리다, (공을) 치다

羽毛球 [yǔmáoqiú] 명 배드민턴

是…的의 용법

이미 실현되었거나 완성된 동작에 대해 그 동작과 관련된 시간이나 장소 방식 등을 강조하는데요, 是…的사이에 강조어를 넣어서 말해요.

(1) 장소를 강조

我是从韩国来的。Wǒ shì cóng Hángguó lái de.　저는 한국에서 왔습니다.

(2) 시간을 강조

他们是去年结婚的。Tāmen shì qùnián jiéhūn de.　그들은 지난해 결혼했습니다.

(3) 방식을 강조

你是怎么过生日的?
Nǐ shì zěnme guò shēngrì de?

당신은 어떻게 생일을
보냈습니까?

말하는 사람의 관점 등을 강조하여 단호함을 표시합니다.

这些道理，我们是不懂的。
Zhè xiē dàolǐ, wǒmen shì bù dǒng de.

이러한 이치들을 우리는 몰라요.

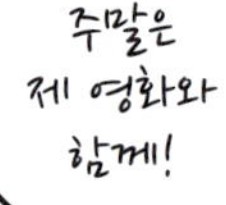

怎么의 용법

(1) 怎么+동사?: 어떻게 ~합니까?(방식을 물음)

这你怎么解释? Zhè nǐ zěnme jiěshì?

이것을 어떻게 설명하실래요?

没有麦克风怎么唱?
Méiyǒu màikèfēng zěnme chàng?

마이크가 없는데 어떻게 노래를
부르죠?

从 [cóng] ㉑ ~로 부터

去年 [qùnián] ㈐ 지난해

结婚 [jiéhūn] ⑧ 결혼하다

生日 [shēngrì] ㈐ 생일

道理 [dàolǐ] ㈐ 이치, 도리

懂 [dǒng] ⑧ 이해하다

解释 [jiěshì] ⑧ 변명하다, 설명하다

麦克风 [màikèfēng] ㈐ 마이크

唱 [chàng] ⑧ (노래를) 부르다

腰 [yāo] ㈐ 허리

细 [xì] ⑱ 가늘다

见面 [jiànmiàn] ⑧ 만나다

(2) 怎么+동사(형용사)?: 怎么=为什么 (원인을 물음)

你的腰怎么这么细? Nǐ de yāo zěnme zhème xì?	너 허리 왜 이렇게 가늘어?
你们怎么不见面呢? Nǐmen zěnme bú jiànmiàn ne?	너희들 왜 안 만나니?

연동문

연동문은 동작이 연달아 있는 문장이란 뜻으로 주어에 동사가 두 개 이상 있는 문장을 말해요. 동작이 이루어지는 순서에 따라 표현하면 됩니다.

我去公园打羽毛球。 Wǒ qù gōngyuán dǎ yǔmáoqiú.	나는 배드민턴을 치러 공원에 갑니다.
他去书店买书。 Tā qù shūdiàn mǎi shū.	그는 책을 사러 서점에 갑니다.
我开车去上班。 Wǒ kāichē qù shàngbān.	나는 운전을 해서 출근합니다.

17–2

A:	你打得怎么样? Nǐ dǎ de zěnmeyàng?	잘 쳐요?
B:	打得不怎么样。 Dǎ de bù zěnmeyàng.	잘 못 쳐요.

得 [de] ㉜ 구조조사

不怎么样 [bù zěnmeyàng] 별로다

怎么样

(1) '어떠하다' 또는 '어떻게'의 뜻으로 성질이나 상황 등을 묻는 말입니다.

你身体怎么样? Nǐ shēntǐ zěnmeyàng?	당신 건강은 어떠십니까?
他人怎么样呢? Tā rén zěnmeyàng ne?	그는 어떤 사람인가요?

(2) 不와 같이 쓰여 상황 등이 좋지 않음을 나타냅니다.

考得不怎么样。Kǎo de bù zěnmeyàng.　　시험을 잘 못 봤어요.

这洗衣机不怎么样。Zhè xǐyījī bù zěnmeyàng.　　이 세탁기는 (성능이) 별로에요.

보충단어 

身体 [shēntǐ] 몡 몸, 건강

考 [kǎo] 몡동 시험, 시험보다

洗衣机 [xǐyījī] 몡 세탁기

정도보어

정도보어는 술어의 상태, 모습 등의 정도를 나타내요. '주어+동사+得+형용사'로
표현되죠.

他说得很快。Tā shuō de hěn kuài.　　그는 말을 빨리합니다.

我吃得很快。Wǒ chī de hěn kuài.　　나는 빨리 먹습니다.

본문의 <u>你打得怎么样</u>?과 <u>打得不怎么样</u>。역시 정도보어 문장들입니다.
　　└ 동사+得+怎么样(어때)　　└ 동사+得+不怎么样(별로다)

생생회화 03

A：　你常去打球吗?
　　Nǐ cháng qù dǎ qiú ma?
　　자주 공을 치세요?

B：　一星期去打一两次。
　　Yī xīngqī qù dǎ yì liǎng cì.
　　일주일에 한 두 번 칩니다.

단어 

常 [cháng] 자주

一星期 [yì xīngqī] 일주일
(一个星期 yí ge xīngqī의 줄임말)

两 [liǎng] 둘

次 [cì] 번

常常

부사 常常은 常이라고 해도 뜻은 똑같아요. 그런데 부정을 나타낼 때는 不常이라고
해야지 不常常이라고는 하지 않아요.

他常常迟到。Tā chángcháng chídào.　　그는 자주 지각을 합니다.

他常请我吃饭。Tā cháng qǐng wǒ chīfàn.　　그는 자주 나에게 밥을 사줘요.

他不常看电视。Tā bù cháng kàn diànshì.　　그는 TV를 잘 보지 않아요.

迟到 [chídào] 동 지각하다

请 [qǐng] 동 한턱내다

看 [kàn] 동 보다

电视 [diànshì] 명 텔레비전

吃饭 [chīfàn] 동 식사를 하다

喝 [hē] 동 마시다

咖啡 [kāfēi] 명 커피

电影 [diànyǐng] 명 영화

TIP

한턱낼게!

请+사람+吃饭 ~에게 식사를 한턱내다
请+사람+喝咖啡 ~에게 커피를 한턱내다
请+사람+看电影 ~에게 영화를 보여주다

我请你吃饭。 Wǒ qǐng nǐ chīfàn.	제가 식사 모실게요.
我请你喝咖啡。 Wǒ qǐng nǐ hē kāfēi.	제가 커피 사겠습니다.
我请你看电影。 Wǒ qǐng nǐ kàn diànyǐng.	제가 영화 보여드릴게요.
我请客 Wǒ qǐng kè	내가 낼게!

 ### 동량사(動量詞): 次

동작 또는 변화의 횟수를 나타내는 양사(量詞)를 '동량사'라고 합니다. 次는 그중 하나로 반복되어 발생하는 동작의 횟수를 나타냅니다.

我去过中国七八次。 Wǒ qù guo Zhōngguó qī bā cì.	나는 중국을 일곱 여덟 번 가 봤습니다.
一个月去一两次。 Yí ge yuè qù yì liǎng cì.	한 달에 한 두 번 간다.

01 정도보어

정도보어는 동사나 형용사의 정도나 상태를 부가적으로 설명해 줍니다. 보통은 '동사(형용사)+得+
정도보어'(형용사)의 구조로 사용되고 목적어가 있으면 '동사+목적어+동사+得+정도보어'(형용사)로 표현해요.

(1) 기본형 V+得+형용사로 동작의 정도를 표시합니다.

来得早 lái de zǎo	일찍 왔다
跑得快 pǎo de kuài	빨리 달린다
时间过得很快。Shíjiān guò de hěn kuài.	시간이 빨리 지나갑니다.
中国的经济发展得很快。 Zhōngguó de jīngjì fāzhǎn de hěn kuài.	중국의 경제는 빠르게 발전합니다.

(2) 목적어가 있으면 V+O+V+得+형용사로 씁니다.

他说话说得很快。Tā shuō huà shuō de hěn kuài.	그는 말을 빨리 합니다.
他说汉语说得很流利。Tā shuō Hànyǔ shuō de hěn liúlì.	그는 중국어를 유창하게 합니다.

(3) 목적어가 있을 때 O+V+得+형용사와 같이 앞의 동사를 생략해서 표현할 수도 있어요.

他话说得很快。 Tā huà shuō de hěn kuài.	그는 말을 빨리 합니다.
他汉语说得很流利。 Tā Hànyǔ shuō de hěn liúlì.	그는 중국어를 유창하게 합니다.

(4) 형용사+得很의 형식으로 상태의 정도가 심함을 나타냅니다.

他高兴得很。Tā gāoxìng de hěn.	그는 매우 기쁩니다.
天气热得很。Tiānqì rè de hěn.	날씨가 무척 덥습니다.
我女朋友漂亮得很。Wǒ nǚpéngyǒu piàoliang dé hěn.	그의 여자친구는 굉장히 예쁩니다.

02

구조조사

구조조사는 단어들을 연결하여 그것들로 하여금 어법적인 구조 관계를 가진 구(句)가 되도록 합니다. 우리가 배운 구조조사는 的, 得그리고 地가 있죠.

(1) 형용사+的+명사: 한정어와 중심어를 연결
(2) 동사(형용사)+得+보어: 보어와 중심어를 연결
(3) 동사(형용사, 부사 등)+地+동사: 상황어와 중심어를 연결

我有一个美满的家庭。
Wǒ yǒu yí ge měimǎn de jiātíng.

나는 단란한 가정이 있습니다.

他跑得很快。
Tā pǎo de hěn kuài.

그는 굉장히 빨리 달린다.

慢慢地成长。
mànmàn de chéngzhǎng.

천천히 성장해 나가다.

(4) 형용사+的, 동사+的: 명사적인 의미
好的 hǎo de 좋은 것
坏的 huài de 나쁜 것
吃的 chī de 먹는 것(음식)

甜的, 淡的我都喜欢。 Tián de, dàn de wǒ dōu xǐhuan.

단 음식, 싱거운 음식 저는 다 좋아합니다.

我刚说的你还记得吗？ Wǒ gāng shuō de nǐ hái jì de ma?

제가 방금 말한 것 아직도 기억하세요?

早 [zǎo] 일찍, 이르다 跑 [pǎo] 달리다 时间 [shíjiān] 시간 中国 [Zhōnghuó] 중국 经济 [jīngjì] 경제
说话 [shuōhuà] 말을 하다 流利 [liúlì] 유창하다 高兴 [gāoxìng] 기쁘다 天气 [tiānqì] 날씨 热 [rè] 덥다
慢慢 [mànman] 천천히, 서서히 成长 [chéngzhǎng] 성장하다 甜 [tián] 달다 淡 [dàn] 싱겁다 都 [dōu] 모두
喜欢 [xǐhuan] 좋아하다 刚 [gāng] 방금 女朋友 [nǚpéngyou] 여자친구 美满 [měimǎn] 아름답고 원만하다
家庭 [jiātíng] 가정

A : 周末, 你是怎么过的?
Zhōumò, nǐ shì zěnme guò de?

B : 我去公园打羽毛球了。
Wǒ qù gōngyuán dǎ yǔmáoqiú le.

A : 你打得怎么样?
Nǐ dǎ de zěnmeyàng?

B : 打得不怎么样。
Dǎ de bù zěnmeyàng.

A : 你常去打球吗?
Nǐ cháng qù dǎ qiú ma?

B : 一星期去打一两次。
Yī xīngqī qù dǎ yì liǎng cì.

A: 주말 어떻게 보냈어요?

B: 공원에 가서 배드민턴을 했어요.

A: 잘 쳐요?

B: 잘 못 쳐요.

A: 자주 공을 치세요?

B: 일주일에 한 두 번 칩니다.

문화 TIP 논어 속 명구 알기!

세상을 다스리거나 비즈니스를 할 때 널리 인용되는 논어, 논어 첫 장인 〈학이편〉 첫 줄에 등장하는 이 말은 배움의 즐거움을 나타내는 말인데요, 중국의 초등학교나 중학교 교훈으로도 널리 사용될 정도로 유명하죠.

学而时习之 不亦说乎? Xué ér shíxí zhī, búyì yuèhū?
배우고 그것을 때때로 익히면 기쁘지 않겠는가?

문제풀기로 **실력다지기**

01 우리말을 참고로 괄호 안에 들어갈 단어를 [보기]에서 고르세요.

보기

A 羽毛球　　B 公园　　C 不常　　D 周末　　E 一两次　　F 怎么样
G 不怎么样　H 常　　I 怎么　　J 从韩国来　K 得

1) (　　), 你是(　　)过的?　　　　주말 어떻게 보냈어요?

2) 我去(　　)打(　　)了。　　　　공원에 가서 배드민턴을 했어요.

3) 你打得(　　)?　　　　공을 잘 치세요?

4) 打得(　　)。　　　　(공을) 잘 못 칩니다.

5) 你(　　)去打球吗?　　　　자주 공을 치세요?

6) 一星期去打(　　)。　　　　일주일에 한 두 번 칩니다.

7) 我是(　　)的。　　　　저는 한국에서 왔습니다.

8) 他跑(　　)很快。　　　　그는 굉장히 빨리 달린다.

过 guò	過 지날 **과** …한 적이 있다, …하곤 하였다	过	过	过	过
园 yuán	園 동산 **원** 밭	园	园	园	园
样 yàng	樣 모양 **양** 모양, 모습, 본보기, 모범	样	样	样	样
两 liǎng	兩 두 **량** 둘, 몇몇	两	两	两	两

PART 18

방향보어
你还抽出时间来看电影啊！

1. 저는 영화광입니다
2. 혼자 보러가세요?
3. ~와 함께 ~를 한다

방향보어
1. 단순방향보어
2. 복합방향보어

생생회화 **01**

A: 你没有时间看电影吧?　영화 볼 시간 없죠?
Nǐ méiyǒu shíjiān kàn diànyǐng ba?

B: 我是个电影狂。　저는 영화광이에요.
Wǒ shì ge diànyǐngkuáng.

단어

没有 [méiyǒu] 동 없다

时间 [shíjiān] 명 시간

看 [kàn] 동 보다

电影 [diànyǐng] 명 영화

~吧? [ba] 조 ~하죠?

电影狂 [diànyǐngkuáng] 명
영화광, 영화마니아

보충단어

坐 [zuò] 동 앉다, 타다

赶快 [gǎnkuài] 부 어서

回家 [huíjiā] 동 귀가하다

地铁 [dìtiě] 명 지하철

原谅 [yuánliàng] 동 용서하다

明天 [míngtiān] 명 내일

没 [méi] +동사 : ~하지 않았다

老鹰 [lǎoyīng] 명 독수리

乐队 [yuèduì] 명 악단, 가수 그룹

保龄球 [bǎolíngqiú] 명 볼링

吧의 용법

(1) 평서문에서는 공손한 명령이나 재촉, 권유, 청유 등을 나타내요.

坐吧。Zuo ba.	앉으세요. (공손한 명령)
赶快回家吧。Gǎnkuài huíjiā ba.	빨리 집에 갑시다. (재촉)
我们坐地铁吧。Wǒmen zuò dìtiě ba.	우리 지하철 타고 갑시다. (권유)
你原谅我吧。Nǐ yuánliàng wǒ ba.	저를 용서해 주세요. (청유)

TIP

교통편 이용 중국어로 말하기

(1) 坐+교통편: (운전하지 않고) ~을 타다

坐地铁 zuò dìtiě	지하철을 타다
坐出租车 zuò chūzūchē	택시를 타다
坐公共汽车 zuò gōnggòng qìchē	버스를 타다
坐大巴 zuò dàbā	관광버스를 타다
坐104路 zuò yāo líng sì lù	104번 버스를 타다

(2) 자전거를 탈 때는 骑

骑车 qí chē	자전거를 타다
骑马 qí mǎ	말을 타다

※ (骑车=骑自行车 qí zìxíngchē 의 줄임말)

(3) 직접 운전을 할 때는 开

开车 kāi chē	차를 몰다, 운전하다

(2) ~吗?는 몰라서 묻는 것에 비해 의문문에 쓰인 ~吧?는 화자가 추측한 생각이
사실인지를 확인하는 의미를 나타내요.

明天九号吧? Míngtiān jiǔ hào ba?	내일 9일 맞죠?
他们还没走吧? Tāmen hái méi zǒu ba?	그 사람들 아직 안 갔죠?
他们回来了吧? Tāmen huílái le ba?	그들은 돌아왔죠?

狂과 迷

(1) 狂 kuáng : 미치다, 마니아

工作狂 gōngzuòkuáng	워크홀릭
电影狂 diànyǐngkuáng	영화마니아

(2) 迷 mí : 어떤 분야의 애호가

影迷 yǐngmí	영화 애호가
歌迷 gēmí	노래 애호가
棋迷 qímí	바둑이나 장기 애호가
球迷 qiúmí	구기 종목의 애호가
我是老鹰乐队的歌迷。 Wǒ shì Lǎoyīng yuèduì de gēmí.	저는 그룹 이글스의 팬입니다.
我是保龄球迷。 Wǒ shì bǎolíng qiúmí.	저는 볼링 광입니다.
我是个工作狂。 Wǒ shì ge gōngzuòkuáng.	나는 워크홀릭입니다.

생생회화 02

B: 晚上去看午夜场电影。
Wǎnshang qù kàn wǔyèchǎng diànyǐng.
저녁에 심야 영화를 보러 가요.

A: 你还抽出时间来看电影啊!
Nǐ hái chōuchū shíjiān lái kàn diànyǐng a!
짬을 내서 영화를 보는 군요!

단어

晚上 [wǎnshang] 명 저녁

午夜场电影[wǔyèchǎng diànyǐng] 명 심야영화

还 [hái] 부 또, 게다가

抽 [chōu] 동 꺼내다, 뽑다

出来 [chūlai] 동 나오다

啊 [a] 조 문장 끝에 쓰여 감탄을 나타냄

보충단어

回来 [huílai] 동 돌아오다

词典 [cídiǎn] 명 사전

借 [jiè] 동 빌리다

从 [cóng] 개 ~로부터

已经 [yǐjīng] 부 벌써, 이미

什么时候 [shénme shíhou] 언제

忙 [máng] 형동 바쁘다, 서두르다

回去 [huíqù] 동 돌아가다

방향보어

방향보어는 동사의 뒤에 놓여 동작의 방향을 나타냅니다. 중국 사람들이 많이 쓰는 표현 용법인 만큼 꼭 알아 두는 게 좋습니다.

단순방향보어 来, 去

来, 去가 보어가 될 때 사람 또는 사물의 방향을 나타내며 '동사+来' 또는 '동사+去'의 형식으로 표현하는데요, 동작이 화자를 향하면 '동사+来'로, 동작이 화자에게서 멀어지면 '동사+去'로 표현합니다.

他已经出去了。Tā yǐjīng chūqù le.	그는 벌써 나갔습니다.
她什么时候回来? Tā shénme shíhou huílái?	그녀는 언제 돌아옵니까?
词典谁借去了? Cídiǎn shéi jiè qù le?	사전을 누가 빌려갔습니까?
我从图书馆借来了一本书。Wǒ cóng túshūguǎn jiè lái le yì běn shū.	나는 도서관에서 책 한 권을 빌려 왔습니다.

본문의 你还抽出时间来看电影啊! 을 볼까요?
원래는 복합방향보어인 抽出来(밖으로 뽑아내다)+时间(시간)인데요, 목적어는 出와 来 사이에 올 수 있습니다. 그래서 抽出时间来와 같이 표현됐어요.

TIP 짬을 내다! 抽时间

抽时间去看电影。Chōu shíjiān qù kàn diànyǐng.	짬을 내서 영화를 보다.
一定要抽出时间。Yídìng yào chōuchū shíjiān.	반드시 짬을 내야 한다.

啊의 용법

(1) 감탄

好~啊! 참으로 ~하구나! (감탄을 나타내는 관용구)

好漂亮啊! Hǎo piàoliang a!	참 예쁘군요!
好忙啊! Hǎo máng a!	굉장히 바쁘군요!

(2) 평서문 끝에 쓰여 말을 더욱 분명히 하는 효과

他们已经来了啊! Tāmen yǐjīng lái le a! (=啦 la)	그들은 벌써 왔습니다.
他回去了啊! Tā huí qù le a!(=啦 la)	그는 돌아갔습니다.

了le + 啊a = 啦 la

문장 끝에 쓰인 啦는 동작의 완성, 상황의 변화 또는 새로운 상황의 출현을
나타냅니다.

18-3

생생회화
03

A: 你一个人去看吗?
　　Nǐ yí ge rén qù kàn ma?
혼자 보러 가세요?

B: 我跟 朋友一起去看电影。
　　Wǒ gēn péngyou yìqǐ qù kàn diànyǐng.
저랑 친구가 같이
보러가요.

단어

一个人 [yí ge rén] 혼자, 한 사람

跟 [gēn] ㉐ ～와

朋友 [péngyou] ㉟ 친구

一起 [yìqǐ] ㋫ 함께, 같이

보충단어

习惯 [xíguàn] ㉟㉦ 습관, 익숙하다

爱 [ài] ㉦ 사랑하다

需要 [xūyào] ㉦ 필요하다

理由 [lǐyóu] ㉟ 이유

喜欢 [xǐhuan] ㉦ 좋아하다

办公室 [bàngōngshì] ㉟ 사무실

现在 [xiànzài] ㉟ 지금

以前 [yǐqián] ㉟ 예전

完全 [wánquán] ㋫ 완전히

一个人

(1) 혼자

一个人有什么不好? Yí ge rén yǒu shénme bù hǎo?
혼자가 뭐 어때서요?

我习惯一个人生活。 Wǒ xíguàn yí ge rén shēnghuó.
나는 혼자서 생활하는게
익숙합니다.

(2) 한 사람, 누군가

爱一个人不需要理由。
Ài yí ge rén bù xūyào lǐyóu.
누군가를 사랑하는데 이유는
필요치 않아요.

我喜欢一个人。 Wǒ xǐhuan yí ge rén.
나는 누군가를 좋아하고 있어요.

跟의 용법

跟과 和는 모두 '…과(와)'라는 뜻의 개사로 跟과 和 다음에는 동작의 대상이나 비교의
대상이 오며 구어체에서는 跟이 많이 쓰여요.

我跟他们在一个办公室工作。(跟+동작의 대상)
Wǒ gēn tāmen zài yí ge bàngōngshì gōngzuò.
나는 그들과 한 사무실에서
일합니다.

现在跟以前完全不同了。(跟+비교 대상)
Xiànzài gēn yǐqián wánquán bùtóng le.
지금은 예전과 완전히
달라졌습니다.

방향보어

방향보어란?
동사 뒤에 방향을 나타내는 동사 来, 去 등이 쓰이는 것과 (2)동사 뒤에 上，下，出，进 등이 来，去와 함께 쓰인 보어를 말합니다. 전자를 단순방향보어, 후자를 복합방향보어라고 하죠.

(1) 단순방향보어: 동사+来/去

단순방향 보어 A	来 lái 오다			去 qù 가다			
단순방향 보어 B	上 shàng 오르다	下 xià 내리다	进 jìn 들다	出 chū 나가다	回 huí 돌아가다	过 guò 건너다	起 qǐ 일어나다

出来打球吧! Chūlái dǎ qiú ba!　　나와서 공치자!

别人都进去了。Biérén dōu jìnqù le.　　다른 사람들은 모두 들어갔다.

단순방향보어와 목적어의 위치
① 목적어가 장소인 경우
동사+목적어(장소)+단순방향보어A(来/去)

他已经回家去了。Tā yǐjīng huíjiā qù le.　　그는 이미 집으로 돌아갔습니다.

② 목적어가 사물인 경우
동사+목적어(사물)+来/去 or 동사+来/去+목적어(사물)

他拿来了一本词典。Tā ná lái le yì běn cídiǎn.　　그는 사전 한 권을 가지고 왔다.

=他拿一本词典来了。Tā ná yì běn cídiǎn lái le.

(2) 복합방향보어:

두 개의 방향성 동사를 복합한 것으로 사람이나 사물의 동작의 방향을 나타냅니다. 동사+복합방향보어로 표현돼요.

복합 방향 보어	上来 shànglái 올라오다	下来 xiàlái 내려오다	进来 jìnlái 들어오다	出来 chūlái 나오다	回来 huílái 돌아오다	过来 guòlái 건너오다	起来 qǐlái 일어나다
	上去 shàngqù 올라가다	下去 xiàqù 내려가다	进去 jìnqù 들어가다	出去 chūqù 나가다	回去 huíqù 돌아가다	过去 guòqù 건너가다	起去(×)

拿出来给我。 Ná chūlái gěi wǒ.　　　　　꺼내서 저 주세요. 拿(집다)+出来(나오다): 꺼내다

快跑下来吧。 Kuài pǎo xiàlái ba.　　　　어서 뛰어 내려오너라! 跑(뛰다)+下来(내려오다): 뛰어 내려오다

복합방향보어와 목적어의 위치

① 목적어가 장소인 경우

동사+복합방향보어+목적어(장소)+来/去

他跑进教室去了。 Tā pǎo jìn jiàoshì qù le.　　　　그는 교실로 뛰어 들어갔습니다.

② 목적어가 사람, 사물인 경우

• 동사+복합방향보어+목적어(사물)+来/去

带回东西来 dài huí dōngxi lái　　　　　　물건을 가져오다

• 동사+목적어(사물)+복합방향보어+来/去

带东西回来 dài dōngxi huílái　　　　　　물건을 가져오다

跑 [pǎo] 뛰다, 달리다　教室 [jiàoshì] 교실　带 [dài] 가지다, 휴대하다　东西 [dōngxi] 물건

A : 你没有时间看电影吧?
Nǐ méiyǒu shíjiān kàn diànyǐng ba?

B : 我是个电影狂。
Wǒ shì ge diànyǐngkuáng.

晚上去看午夜场电影。
Wǎnshang qù kàn wǔyèchǎng diànyǐng.

A : 你还抽出时间来看电影啊!
Nǐ hái chōuchū shíjiān lái kàn diànyǐng a!

你一个人去看吗?
Nǐ yí ge rén qù kàn ma?

B : 我跟朋友一起去看电影。
Wǒ gēn péngyou yìqǐ qù kàn diànyǐng.

A: 영화 볼 시간 없죠?

B: 저는 영화광이에요.
    저녁에 심야 영화를 보러 가요.

A: 짬을 내서 영화를 보는 군요!
    혼자 보러 가세요?

B: 저랑 친구가 같이 보러가요.

문화 TIP 우한대학의 벚꽃구경

중국에서 벚꽃 구경하면 후난성 무한대학이 일등으로 꼽힙니다. 우한대학은 매년 3월이면
벚꽃의 향연이 펼쳐질 정도로 캠퍼스 곳곳이 아름다움 그 자체여서 상춘객들의 필수
코스가 된지 오래입니다. 비록 일인당 우리 돈 4천원이나 되는 입장료를 받아서, 중국
내에서도 갑론을박이 일고 있지만, 꽃구경을 포기하지 못하는 상춘객들로 축제 기간에는
늘 인산인해(人山人海)를 이룬다고 하네요. 축제는 3월 중순에서 4월 초순까지 열리고요,
꽃구경 입장료는 순전히 무한대학의 몫입니다. 해마다 벚꽃 축제 기간에는 개장 며칠 만에
한화 1억 원이 넘는 수익을 올린다고 하니, 그 수입만 해도 꽤 짭짤하겠죠?

01 우리말을 참고로 괄호 안에 들어갈 단어를 [보기]에서 고르세요.

보기

A 没有	B 吧	C 电影狂	D 跟	E 午夜场
F 抽	G 时间	H 一个人	I 一起	J 晚上

1) 你(　　)时间看电影(　　)?　　　　　　　영화 볼 시간 없죠?

2) (　　)去看(　　)电影。　　　　　　　저녁에 심야영화를 보러갑니다.

3) 我是个(　　)。　　　　　　　저는 영화광입니다.

4) 你(　　)去看吗?　　　　　　　혼자 보러 가세요?

5) 你还(　　)出(　　)来看电影啊!　　　　짬을 내서 영화를 보시는 군요!

6) 我(　　)朋友(　　)去看电影。　　　　저는 친구와 함께 영화를 보러 갑니다.

简化的信

| 间
jiān | 間 사이 **간**
틈, 사이 | 间 | 间 | 间 | 间 |

| 电
diàn | 電 번개 **전**
전기, 번개 | 电 | 电 | 电 | 电 |

| 场
chǎng | 場 장소 **장**
장소, 곳 | 场 | 场 | 场 | 场 |

음식주문과 맛
吃起来酸酸甜甜的。

회화포인트

1. 식당에서 쓰이는 표현
2. 상용부사
3. 방향보어

문법포인트

1. 동사 중첩
2. 형용사 중첩

A : 这是菜单, 你们先看看。
Zhè shì càidān, nǐmen xiān kànkan.
여기 메뉴요,
먼저 보고 계세요.

两位想要点什么?
Liǎng wèi xiǎng yào diǎn shénme?
두 분 뭐 드실래요?

단어

菜单 [càidān] 명 메뉴

你们 [nǐmen] 대 당신들

先 [xiān] 부 먼저

看 [kàn] 동 보다

位 [wèi] 양 분, 명

想 [xiǎng] 동 ~하고 싶다

要 [yào] 동 ~하려하다, 원하다

点 [diǎn] 동 주문하다

什么 [shénme] 대 무엇

식당에서 쓰이는 표현

欢迎光临。Huānyíng guānglín.	어서 오세요.
请跟我来。Qǐng gēn wǒ lái.	저를 따라 오세요.
请坐。Qǐng zuò	앉으세요.
服务员, 加点水！ Fúwùyuán, jiā diǎn shuǐ.	종업원, 물 더 주세요. (찻물이나 중국식 샤브샤브인 훠궈(火锅 huǒguō)의 물을 더 달라고 요구할 때)
我们的菜做好了吗? Wǒmen de cài zuò hǎo le ma?	우리가 주문한 요리 다 됐나요?
AA制吧。AAzhì ba.	더치페이 해요.
今天我请客。Jīntiān wǒ qǐngkè.	오늘 제가 한턱 낼 게요.
服务员,打包! Fúwùyuán, dǎbāo!	종업원, 포장해 주세요!
服务员, 结账! Fúwùyuán, jiézhàng!	종업원, 계산이요!
=服务员, 买单! Fúwùyuán, mǎidān!	

식당입구에서

A :	请问, 您几位? Qǐngwèn, nín jǐ wèi?	몇 분이세요?
B :	两个。Liǎng ge.	두 사람이요.

음료 주문할 때

有啤酒吗? Yǒu píjiǔ ma?	맥주 있어요?
要冰的。Yào bīng de.	시원한 것 주세요.

보충단어 

欢迎 [huānyíng] ⑧ 환영하다
光临 [guānglín] ⑧ 왕림하다
跟 [gēn] ⑧ 따르다
坐 [zuò] ⑧ 앉다
服务员 [fúwùyuán] ⑲ 종업원
加 [jiā] ⑧ 더하다
点 [diǎn] ⑲ 조금
水 [shuǐ] ⑲ 물
菜 [cài] ⑲ 반찬, 요리
做好了 [zuò hǎo le] 다 되었다.
打包 [dǎbāo] ⑧ 포장하다
结账 [jiézhàng] ⑧ 계산하다,
결산하다
买单 [mǎidān] ⑧ 계산하다,
지불하다
AA制 [AAzhì] ⑧ 더치페이
(Algebraic Average: 대수평균의
줄임말)
请客 [qǐngkè] ⑧ 한턱내다
啤酒 [píjiǔ] ⑲ 맥주
冰的 [bīng de] ⑲ 차갑게 냉장
보관된 것

보충단어 

甜 [tián] ⑲ 달다
咸 [xián] ⑲ 짜다
辣 [là] ⑲ 맵다
苦 [kǔ] ⑲ 쓰다
酸 [suān] ⑲ 시다
烫 [tàng] ⑲ 뜨겁다
脆 [cuì] ⑲ 바삭바삭하다
油腻 [yóunì] ⑲ 기름지다, 느끼하다
好吃 [hǎochī] ⑲ 맛있다
不好吃 [bù hǎochī] ⑲ 맛이 없다

TIP

차가운 맥주

중국 사람들은 술을 실온에 보관하는 걸 선호합니다. 황주나 백주는 실온보다 더 따뜻하게 데워서 마시기도 하고요. 그러다 보니 맥주도 실온 보관하는 경우가 많습니다. 저도 중국 술집에서 그냥 맥주를 달라고 했다가 미적지근한 실온 맥주가 나와서 실망했던 경험이 있는데요. 중국에서 시원한 맥주를 마시고 싶다면 '꼭 차가운 맥주 주세요'라고 말해야 합니다.

冰镇啤酒 bīngzhèn píjiǔ　시원한 맥주
冰镇水 bīngzhèn shuǐ　시원한 물

TIP

맛 관련 표현

맛 관련 형용사 앞에 정도부사를 넣어 맛의 정도를 나타내요.

非常酸。Fēicháng suān.	엄청 시큼해요.
有点儿咸。Yǒu diǎn xián.	조금 짜요.
我想吃辣的。Wǒ xiǎng chī là de.	저는 매운 게 먹고 싶어요.
我不能吃辣的。Wǒ bú néng chī là de.	저는 매운 걸 못 먹어요.
我们要甜的。Wǒmen yào tián de.	저희는 단 걸 원해요.
妈妈做的更好吃。Māma zuò de gèng hǎo chī.	엄마가 만든 게 더 맛있다.

TIP

음료 이름

橘子水 júzi shuǐ 오렌지 에이드　牛奶 niúnǎi 우유　可乐 kělè 콜라
咖啡 kāfēi 커피　茶 chá 차　矿泉水 kuàngquánshuǐ 생수
热巧克利 rè qiǎokèlì 핫 초콜릿　白开水 báikāishuǐ (끓여서 식힌) 물

생생회화 02

B: 要一个北京烤鸭, 还有一个
Yào yí ge Běijīng kǎoyā　　háiyǒu yí ge
糖醋排骨。
tángcù páigǔ.

북경오리구이 하나주시고요,
또 탕수갈비도 하나 주세요.

A: 谢谢！马上就来。
Xièxie!　　Mǎshàng jiù lái.

감사합니다.
금방 갖다 드릴게요!

단어

北京烤鸭 [Běijīng kǎoyā] 명 북경오리

糖醋 [tángcù] 명 탕수육 소스

排骨 [páigǔ] 명 갈비

还 [hái] 부 또, 더, 아직도

有 [yǒu] 동 있다

马上 [mǎshàng] 부 금방, 곧

就 [jiù] 부 곧바로

来 [lái] 동 오다

상용부사 还: 중국어의 부사는 동사나 형용사 앞에 옵니다.

(1) 아직도/여전히 동작이나 상태가 계속되어 변하지 않음을 나타내죠.

你的意思，我还不明白。
Nǐ de yìsi, wǒ hái bù míngbai.

당신 뜻을 저는 여전히 이해하지 못하고 있습니다.

부사는 부정부사 앞에 와요. 还不…(○) 不还 (×)

(2) 더욱 더/'还+형용사' 형식으로 비교문에 주로 쓰여요.

他太太比他还粗心。
Tā tàitai bǐ tā hái cūxīn.

그의 아내가 그보다 더 덜렁댑니다.

(3) 이밖에도, ~뿐만 아니라 / '还+동사' 형식으로 쓰여요.

我去过加拿大，美国，还去过越南。
Wǒ qù guo Jiānádà, Měiguó, hái qù guo Yuènán.

나는 캐나다, 미국에 가본 적이 있고 이밖에도 베트남에도 가 본 적이 있어요.

(4) 어감을 나타내요.
① 그런대로 ~하다 / 还+동사(형용사) 형식으로 어떤 상황에 비교적 만족함을 나타냅니다.

这儿的环境还不错。
Zhèr de huánjìng hái búcuò.

이곳의 환경은 그런대로 괜찮은 편입니다.

意思 [yìsi] 명 뜻, 의미

明白 [míngbai] 동 이해하다

太太 [tàitai] 명 부인

比 [bǐ] 개 ~보다

粗心 [cūxīn] 동 덜렁댄다,
부주의하다

去 [qù] 동 가다

加拿大 [Jiānádà] 명 캐나다

美国 [Měiguó] 명 미국

越南 [Yuènán] 명 베트남

这儿 [zhèr] 대 이곳

环境 [huánjìng] 명 환경

留学 [liúxué] 동 유학하다

汉语 [Hànyǔ] 명 중국어

说 [shuō] 동 말하다

这么 [zhème] 대 이토록

糟糕 [zāogāo] 동 엉망이다

办 [bàn] 동 처리하다

行动 [xíngdòng] 동 행동하다

② 还~呢 형식으로 쓰여 어떤 상황을 불만족스럽게 생각함을 나타냅니다.

你还留过学呢, 汉语说得这么糟糕。
Nǐ hái liú guo xué ne, Hànyǔ shuō de zhème zāogāo.

유학까지 다녀왔으면서 중국어를 이렇게 엉망으로 하세요.

③ 반문의 어감을 나타냅니다.

你还吃?
Nǐ hái chī? (끝을 올려 읽어요.)

더 먹겠다고? (그만 먹어라!)

상용부사 马上

금방이란 뜻으로 就와 함께 쓰여 빨리 이루어짐을 나타내요.

我马上就办。Wǒ mǎshàng jiù bàn.
马上行动吧! Mǎshàng xíngdòng ba!

제가 바로 처리할게요.
어서 서두르세요!

B: 吃起来酸酸甜甜的。　　먹으니깐 새콤달콤하네요.
Chī　qǐlái　suānsuan tiántián de.

C: 味道真不错。　　맛이 정말 좋아요.
Wèidao zhēn　búcuò.

단어

吃起来 [chī qǐlái] 먹어보니

酸甜 [suāntián] 형 새콤달콤하다

味道 [wèidao] 명 맛, 냄새

真 [zhēn] 부 정말로

不错 [búcuò] 형 좋다, 괜찮다

방향보어의 파생적 용법

(1) 동사+起来

起来: 원래는 동작이 아래에서 위로 향하는 것을 나타내는데요, 동작이 시작되고 계속되어지거나 또는 화자의 견해를 나타내는 파생적 용법도 많이 쓰이죠.

吃起来 chī qǐlái 먹어보니　　看起来 kàn qǐlái 보아하니
听起来 tīng qǐlái 듣자하니　　说起来 shuō qǐlái 말해보면, 말하기 시작하다

我想起来了。Wǒ xiǎng qǐlái le.　　나 (어떤 기억이) 떠올랐어요.
(잠자고 있던 기억이 떠오름)

吃起来很香。Chī qǐlái hěn xiāng.　　먹어보니 맛이 좋다. (화자의 견해)

看起来很棒! Kàn qǐlái hěn bàng!　　근사해 보인다! (화자의 견해)

听起来不错! Tīng qǐlái búcuò!　　들었더니 괜찮은데! (화자의 견해)

说起来容易, 做起来难。　　말은 쉬워도, 행동으로 옮기는 것은 어렵다.
Shuō qǐlái róngyi, zuò qǐlái nán.　　(화자의 견해)

(2) V+下来

下来: 원래는 동작이 위에서 아래로 향하는 것을 나타내는데요, 동작의 완성이나 결과, 상태의 변화를 나타내는 파생적 용법으로도 쓰여요.

坐下来! Zuò xiàlái!　　앉아요!

记下来了。Jì xiàlái le.　　기록하였다, 기억하였다.

渐渐安静下来。Jiànjiàn ānjìng xiàlái.　　점점 조용해진다.

香 [xiāng] ⑱ 향기롭다, 맛있다

棒 [bàng] ⑱ 멋지다

容易 [róngyì] ⑱ 쉽다

做起来 [zuòqǐlái] 일하기
시작하다

记 [jì] ⑧ 기록하다, 기억하다

渐渐 [jiànjiàn] ⑭ 점점

安静 [ānjìng] ⑱ 조용하다

爬 [pá] ⑧ 등반하다

高楼 [gāolóu] ⑲ 고층건물

关 [guān] ⑧ 닫다

大门 [dàmén] ⑲ 대문

香水 [xiāngshuǐ] ⑲ 향수

淡淡的 [dàndàn de] ⑱ 은은하다.

最近 [zuìjìn] ⑲ 최근

突然 [tūrán] ⑭ 갑자기

巧克力 [qiǎokèlì] ⑲ 초콜릿

草莓 [cǎoméi] ⑲ 딸기

冰淇淋 [bīngqílín] ⑲ 아이스크림

（3） V+上

上 : 원래는 동작이 낮은 곳에서 위로 향하는 것을 나타내는데요, 이외에도 파생적으로
일정 위치에 도달하거나 동작이 지속되는 것을 나타내요.

爬上高楼　Páshàng gāolóu	높은 건물을 기어오르다.
关上大门　Guānshang dàmén	대문을 닫다
爱上电影　Àishang diànyǐng	영화를 사랑하게 되다

냄새, 맛 그리고 식욕

（1） 味道: 냄새, 맛

味道不错! Wèidao búcuò!	맛이 괜찮네! (맛)
香水的味道淡淡的。Xiāngshuǐ de wèidao dàndàn de.	향수 냄새가 은은하다. (냄새)

（2） 胃口: 식욕, 입맛

最近突然没胃口了。Zuìjìn tūrán méi wèikǒu le.	요즘에 갑자기 입맛(식욕)이 없어졌다.

（3） 口味: 구미. 풍미

巧克力口味　Qiǎokèlì kǒuwèi	초콜릿 맛
草莓口味的冰淇淋 Cǎoméi kǒuwèi de bīngqílín	딸기 맛 아이스크림

문법포인트

01 동사 중첩

동사 중첩은 경쾌한 어감을 나타내어 이야기를 듣는 청자에게 보다 편안하고 친근한 말투를 줍니다.

(1) 단음절 동사의 중첩 / 두 번째 글자를 경성으로 발음해요.

看看 kànkan 좀 보다   想想 xiǎngxiang 생각을 좀 하다

(2) 단음절 동사는 V一V의 형식으로도 중첩할 수 있어요. / 一를 경성으로 발음해요.

看一看 kàn yi kàn 좀 보다   想一想 xiǎng yi xiǎng 생각을 좀 하다

(3) 2음절 동사의 중첩
2음절 동사는 ABAB형식으로 중첩해요. 2번째와 4번째 글자를 경성으로 발음합니다.

介绍介绍 jièshao jièshao 소개를 좀 하다   商量商量 shāngliang shāngliang 상의를 좀 하다

(4) 단음절이나 2음절 동사는V一下 형식으로도 중첩을 나타낼 수 있죠.

看一下 Kàn yíxià 좀 보다   介绍一下 jièshào yíxià 소개를 좀 하다

(5) 이합동사(술어와 빈어가 하나로 붙어있는 덩어리)의 중첩

叹叹气 Tàntan qì 한숨을 좀 쉬다   聊聊天 liáoliao tian 수다를 좀 떨다

我来看看。Wǒ lái kànkan. 제가 좀 볼게요.   回去想一想。Huíqù xiǎng yi xiǎng. 가셔서 생각을 좀 해 보세요.

我来介绍介绍。Wǒ lái jièshao jièshao 제가 소개를 좀 해 드릴게요. .

介绍一下大概内容。Jièshao yíxià dàgài nèiróng. 대략적인 내용을 소개해 보세요.

回去 [huíqù] 돌아가다 介绍 [jièshào] 소개하다 商量 [shāngliang] 상의하다 大概 [dàgài] 대략적인

内容 [nèiróng] 내용 叹气 [tànqì] 한숨을 쉬다 聊天 [liáotiān] 수다를 떨다

(1) 단음절 형용사 好, 慢은 AA儿형식으로 중첩하고 두 번째 글자를 1성으로 발음해요. 형용사이지만 부사나 술어(~的)처럼 쓸 수 있어요.

好好儿 hǎohāor 제대로, 잘　**慢慢儿** mànmānr 천천히

他还好好儿的。 Tā hái hǎohāor de. (술어) 쟤 아직 멀쩡해.
他不好好儿写作业。 Tā bù hǎohāor xiě zuòyè. (부사어) 그는 숙제를 제대로 쓰지 않는다.
你再慢慢儿想。 Nǐ zài mànmānr xiǎng. (부사어) 천천히 다시 생각해 보세요.

(2) 2음절 형용사는 AABB형식으로 중첩하고, 첫 번째는 원래 성조로, 두 번째는 경성으로, 세 네 번째는 정상적으로 발음하죠.

형용사	중첩형
漂亮 piàoliang 예쁘다	漂漂亮亮 piàopiaoliàngliàng 예쁘다
干净 gānjìng 깨끗하다	干干净净 gāngan jìngjìng 깨끗하다
酸甜 suānstián 새콤달콤하다	酸酸甜甜 suānsuan tiántián 새콤달콤하다

이러한 2음절 중첩 형용사들이 的와 같이 쓰이면 상태를 나타내는 술어 역할을 해요.

房间乱七八糟的。 Fángjiān luànqībāzāo de.　　방이 엉망진창입니다.
他醉醺醺的。 Tā zuìxūnxūn de.　　그는 술에 알딸딸하게 취했다.
教室干干净净的。 Jiàoshì gānganjìngjìng de.　　교실이 아주 깨끗합니다.

好 [hǎo] 좋다　慢 [màn] 느리다　写 [xiě] 쓰다　作业 [zuòyè] 숙제　干净 [gānjìng] 깨끗하다
房间 [fángjiān] 방　醉 [zuì] 취하다　教室 [jiàoshì] 교실

A :　这是菜单. 你们先看看。
　　Zhè shì càidān.　nǐmen xiān kànkan.

　　两位想要点什么?
　　Liǎng wèi xiǎng yào diǎn shénme?

B :　要一个北京烤鸭. 还有一个糖醋排骨。
　　Yào yí ge Běijīngkǎoyā. háiyǒu yí ge tángcùpáigǔ.

A :　谢谢! 马上就来。
　　Xièxie! Mǎshàng jiù lái.

B :　吃起来酸酸甜甜的。
　　Chī qǐlái suānsuan tiántián de.

C :　味道真不错。
　　Wèidao zhēn búcuò.

A: 여기 메뉴요, 먼저 보고 계세요.
두 분 뭐 드실래요?

B: 북경오리구이 하나주시고요, 또 탕수갈비도 하나 주세요.

A: 감사합니다. 금방 갖다 드릴게요!

B: 먹으니깐 새콤달콤하네요.

C: 맛이 정말 좋아요.

문화 TIP 중국인들이 꼭 가고 싶어 하는 중국 여행지는?

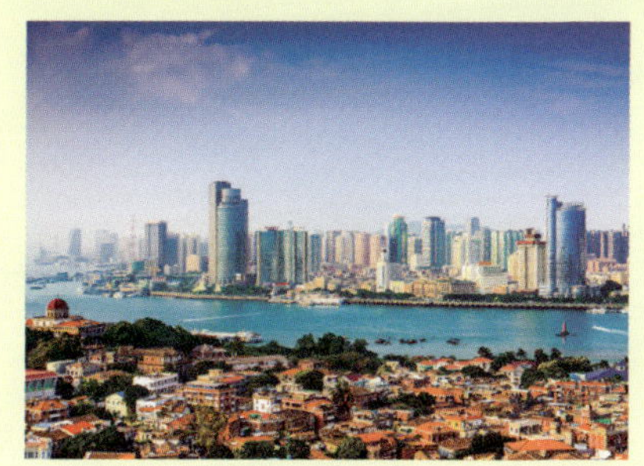

매년 노동절 황금연휴나 국경일 연휴 때면 중국인들은 중국이나 외국으로 여행을 떠납니다.
중국인들이 가장 가보고 싶어하는 여행지 旅游地 lǚyóudì는 어디일까요?
한 설문조사 결과 ① 厦门 샤먼 ② 丽江 리강 ③ 成都 청두 ④ 三亚 산야 ⑤ 杭州
항저우 ⑥ 青岛 칭다오 ⑦ 张家界 장자제 ⑧ 北京 베이징 ⑨ 黄山 황산 ⑩ 上海 상하이
순이라고 합니다.

01 우리말을 참고로 괄호 안에 들어갈 단어를 [보기]에서 고르세요.

보기

A 点	B 味道	C 菜单	D 看看	E 吃起来
F 两位	G 还	H 马上	I 的	J 干干净净

1) 这是(　　), 你们先(　　)。　　　　　　　　여기 메뉴요, 먼저 보고 계세요.

2) (　　)想要(　　)什么?　　　　　　　　　두 분 뭐 드실래요?

3) 要一个北京烤鸭, (　　)有一个糖醋排骨。　북경요리구이 하나 주시고요, 또 탕수갈비도 하나 주세요.

4) (　　)就来。　　　　　　　　　　　　　금방 갖다 드릴게요!

5) (　　)酸酸甜甜(　　)。　　　　　　　먹으니깐 새콤달콤하네요.

6) (　　)真不错。　　　　　　　　　　　　맛이 정말 좋아요.

7) 教室(　　)的。　　　　　　　　　　　교실이 깨끗합니다.

简化的信

单 dān	單 홑 **단** 홑의, 하나의	单	单	单	单
谢 xiè	謝 사례할 **사** 고별하다, 떠나다	谢	谢	谢	谢
马 mǎ	馬 말 **마** 말	马	马	马	马
来 lái	來 올 **래** 오다	来	来	来	来
错 cuò	錯 섞일 **착** 착오, 잘못	错	错	错	错

노래방 갈까요?
我们去唱KTV怎么样?

회화포인트

1. 카드로 하실래요?
   현찰로 하실래요?
2. 밥 사주셔서 감사해요
3. ~를 잘 챙기세요
4. 이제 겨우 ~인데 우리 노래방
   가요

문법포인트

1. 결과보어
2. 가능보어

A: 刷卡还是付现?
Shuākǎ   háishì   fùxiàn?

신용카드로 하실래요?
현찰로 내실래요?

B: 刷卡, 一次性付清。
Shuākǎ,   yícìxìng   fùqīng.

카드로 할게요.
일시불이요.

단어 

刷卡 [shuākǎ] ⑧ 카드로 결제하다

还是 [háishì] ⑳ 또는

付现 [fùxiàn] ⑧ 현금으로 지불하다

一次性 [yícìxìng] ⑲ 일회성

付清 [fùqīng] ⑧ 완불하다,
완납하다

보충단어

咖啡 [kāfēi] ⑲ 커피

茶 [chá] ⑲ 차

坐 [zuò] ⑧ 앉다, 타다

地铁 [dìtiě] ⑲ 지하철

打的 [dǎdí] ⑧ 택시를 타다

보충단어 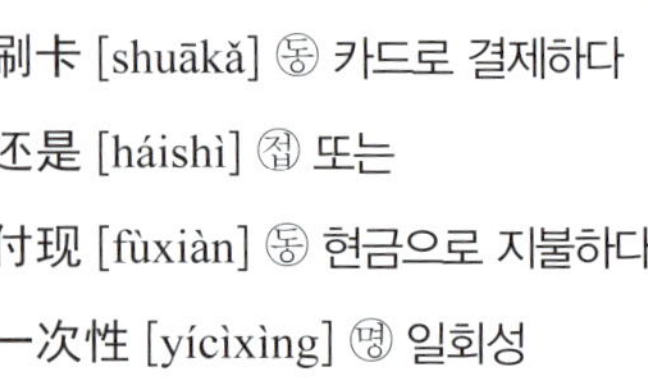

帅 [shuài] ⑲ 멋지다

聪明 [cōngming] ⑲ 똑똑하다

学习 [xuéxi] ⑧ 공부하다

听 [tīng] ⑧ 듣다

音乐 [yīnyuè] ⑲ 음악

下雨 [xiàyǔ] ⑧ 비가 오다

逛街 [guàngjiē] ⑧ 쇼핑하다

男朋友 [nán péngyou] ⑲
남자친구

선택의문문

중국어의 의문문은 什么(무엇), 谁(누구) 같은 의문대사를 사용하거나 문장 끝에 吗?를 써서 나타내는데요, A还是B? 형식으로 질문을 할 수 있어요. 이는 청자로 하여금 A와 B 둘 중에 하나를 선택하도록 질문하는 의문문입니다.

你要喝咖啡还是(喝)茶?
Nǐ yào hē kāfēi háishì (hē) chá?

커피 드실래요? 차 드실래요?

坐地铁去还是打的去?
Zuò dìtiě qù háishì dǎdí qù?

지하철타고 가나요? 택시타고
가나요?

관용적 표현

(1) 又…又 ~하고 ~하다

他又帅又聪明。Tā yòu shuài yòu cōngming.   그는 멋지고 똑똑하다.

(2) 一边…一边… ~하면서 ~하다

我一边学习, 一边听音乐。
Wǒ yìbiān xuéxi, yìbiān tīng yīnyuè.

나는 공부를 하면서 음악을 들어요.

(3) 越来越 점점 ~하다, 더욱 더 ~하다

她越来越漂亮。Tā yuèláiyuè piàoliang.   그녀는 점점 예뻐져요.

(4) 如果…的话 만약에 ~하다면

如果明天下雨的话, 我就不去逛街。
Rúguǒ míngtiān xiàyǔ de huà, wǒ jiù bú qù guàngjiē.

만약 내일 비가 온다면
나는 쇼핑을 가지
않을 겁니다.

(5) 虽然 … 但是 비록 ~하지만 그러나 ~하다

她虽然很漂亮，可是没有男朋友。　　　　　그녀는 비록 예쁘지만
Tā suīrán hěn piàoliang, kěshì méiyǒu nán péngyou. 그러나 남자친구가 없어요.

생생회화 02

C: 谢谢您请我们吃饭。　　　　우리 밥 사주셔서
　　Xièxie nín qǐng wǒmen chīfàn.　감사합니다.

让你破费了。　　　　(우리가) 돈을 많이 쓰게
Ràng nǐ pòfèi le.　해 드렸네요.

단어

请 [qǐng] 통 한턱내다
我们 [wǒmen] 대 우리들
吃饭 [chīfàn] 통 밥을 먹다
让 [ràng] 개 ~으로 하여금 ~하게
한다
破费 [pòfèi] 통 돈을 쓰다

보충단어

再 [zài] 부 또, 다시
唱 [chàng] 통 (노래를)부르다
遍 [biàn] 양 번
久 [jiǔ] 부 오래
等 [děng] 통 기다리다
通知 [tōngzhī] 통 통지하다
怎么办 [zěnme bàn] 어떡해?

겸어문

겸어문의 술어는 하나의 동사+목적어 구조와 주술구조로 서로 연결되어 있는데, 동사+목적어 구조에서 그 목적어가 뒤에 이어지는 주술구조의 주어 역할을 겸하는 것을 말합니다. 주로 사역의 의미를 나타내는데 겸어문이 많이 쓰이는데요, 请, 让, 叫 등이 여기에 속합니다.

　　　　　┌ S
他请我们吃饭。그는 우리들에게 식사를 대접합니다.
　└ S+V+O　　我们은 목적어인 동시에 주어도 가능
Tā qǐng wǒmen chīfàn.

(1) 请 한턱내다, 초대하다, 요청하다

我们请他再唱一遍。　　　　우리는 그에게 앵콜을 요청합니다.
Wǒmen qǐng tā zài chàng yíbiàn.

(2) 让 ~하도록 시키다, ~하게 하다

让你们久等了。Ràng nǐmen jiǔ děng le.　여러분을 오래 기다리시게 했습니다.

(3) 叫 부르다, ~ 하게 하다

现在才通知我, 叫我怎么办?　　　　　지금에서야 저에게 통지를 하면
Xiànzài cái tōngzhī wǒ, jiào wǒ zěnme bàn?　저보고 어떻게 하라는 겁니까?

B: 把雨伞收好。　　　　　　　　　　우산 잘 챙기세요.
　　Bǎ yǔsǎn shōuhǎo.

C: 现在才八点多, 我们去唱　　　이제 8시가 조금 넘었는데
　　Xiànzài cái bā diǎn duō, wǒmen qù chàng　우리 노래방 갈까요?

　　KTV怎么样?
　　KTV zěnmeyàng?

단어

把 [bǎ] ㉑ ~를
雨伞 [yǔsǎn] ⑲ 우산
收 [shōu] ⑧ 받다, 간수하다
好 [hǎo] ⑲ 좋다
现在 [xiànzài] ⑲ 지금
才 [cái] ㉺ 비로소
多 [duō] ㉛ 남짓(수량사 뒤에 쓰임)
唱 [chàng] ⑧ (노래를) 부르다
KTV [K-TV] ⑲ 노래방
怎么样 [zěnmeyàng] 어떤가?

把자문

把자문은 일반적으로 S+V+O구조에서 동작을 받는 대상을 동사 앞으로 전치시키는 역할을 합니다. 把 다음에 반드시 구체적인 사물이 와야 하고 동사 다음에는 부가성분이 와야 합니다.

我看完了书。Wǒ kàn wán le shū. 저는 책을 다 읽었습니다.
ㄴ S+V+O
我把书看完了。Wǒ bǎ shū kàn wán le. 저는 책을 다 읽었습니다.
ㄴ S+把+O+V+부가성분

我打破了窗户。Wǒ dǎpò le chuānghu.　　　　내가 창문을 깼습니다.

我把窗户打破了。Wǒ bǎ chuānghu dǎpò le.　　내가 창문을 깼습니다.

把书放在桌子上。Bǎ shū fàng zài zhuōzi shang.　책을 책상위에 놓다.

把礼物交给朋友。Bǎ lǐwù jiāogěi péngyou.　　　선물을 친구에게 건네준다.

보충단어 

打破 [dǎpò] 통 깨부수다

窗户 [chuānghu] 명 창문

完 [wán] 통 다하다

桌子 [zhuōzi] 명 책상

礼物 [lǐwù] 명 선물

交给 [jiāogěi] 통 건네주다

보충단어

得 [děi] 통 ~해야 한다

报到 [bàodào] 통 접수하다, 등록하다

书店 [shūdiàn] 명 서점

买 [mǎi] 통 사다

每天 [měitiān] 명 매일

开车 [kāichē] 통 운전하다

上班 [shàngbān] 통 출근하다

聊天 [liáotiān] 통 수다 떨다

보충단어

上课 [shàngkè] 통 수업하다

时间 [shíjiān] 명 시간

早 [zǎo] 형 일찍

天才 [tiāncái] 명 천재

연동문

술어가 두개 또는 두개 이상의 연용되는 동사 또는 동사구로 구성된 문장을 연동문이라고 합니다. 연동문의 두개의 동사 또는 동사구는 모두 하나의 주어를 공유합니다.

(1) 목적을 표시

我得去报到。	Wǒ děi qù bàodào.	나는 등록을 하러 가야 합니다.
我去书店买书。	Wǒ qù shūdiàn mǎi shū.	나는 서점에 책을 사러 갑니다.

(2) 수단이나 방법을 표시

她每天开车上班。	Tā měitiān kāichē shàngbān.	그녀는 매일 차를 몰고 출근을 합니다.
他们用汉语聊天。	Tāmen yòng Hànyǔ liáotiān.	그들은 중국어로 이야기합니다.

 才의 용법

동작이 늦게 이루어짐	九点上课，他十点才来。Jiǔ diǎn shàngkè, tā shí diǎn cái lái. 9시에 수업을 시작하는데 그는 10시가 되어서야 비로소 왔다.
수량이 적음을 나타냄	才九点，时间还早呢。Cái jiǔ diǎn, shíjiān hái zǎo ne. 겨우 9시 인데 시간이 아직 이릅니다.
才를 세게 읽어 어감을 강조함	你才是天才。Nǐ cái shì tiāncái. 당신이야말로 천재입니다.

01 결과보어

동사의 결과를 말하는 것을 결과보어라고 하는데요. 이미 발생한 사실을 말할 때 사용하죠.

(1) 결과보어의 형식

① 긍정형: 동사+결과보어+了

这本书我看完了。	Zhè běn shū wǒ kàn wán le.	이 책을 저는 다 읽었습니다.
我把这本书看完了。	Wǒ bǎ zhè běn shū kàn wán le.	저는 이 책을 다 읽었습니다.

② 부정형: 没+동사+결과보어

饭我没做好。	Fàn wǒ méi zuò hǎo.	밥을 저는 다 해놓지 않았습니다.
我没把饭做好。	Wǒ méi bǎ fàn zuò hǎo.	저는 밥을 다 해놓지 않았습니다.

(2) 결과보어의 역할: 동사 또는 형용사

긍정형	부정형
吃饱了 chī bǎo le 배불리 먹다	没吃饱 méi chībǎo 배불리 먹지 못했다
找到了 zhǎodào le 찾아내었다	没找到 méi zhǎo dào 찾아내지 못했다
洗干净了 xǐ gānjìng le 깨끗이 씻었다	没洗干净 méi xǐ gānjìng 깨끗이 씻지 않았다

(3) 자주 쓰이는 결과보어

① 好 hǎo: 동작의 완성을 나타냄

写好了 xiě hǎo le 다 썼다　做好了 zuò hǎo le 일을 다 끝냈다　吃好了 chī hǎo le 다 먹었다

② 到 dào: 목적의 달성, 결과를 나타냄

看到了 kàn dào le 보았다　做到了 zuò dào le 실행에 옮겼다

③ 着 zháo: 목적의 달성, 결과를 나타냄

睡着了 shuì zháo le 잠들었다　找着了 zhǎo zháo le 찾아내었다

④ 住 zhù: 고정되어 변하지 않음을 나타냄

记住了 jìzhù le 확실히 기억했다　抓住了 zhuāzhù le 꼼짝 못하도록 잡았다

⑤ 上 shàng: 봉합의 의미를 나타냄

穿上衣服 chuānshàng yīfu 옷을 입다　把书合上 bǎ shū héshàng 책을 덮다

⑥ 下 xià : 분리되어짐을 나타냄(=开 kāi =掉 diào)

把书放下 bǎ shū fàngxià 책을 내려놓다   把课本打开 bǎ kèběn dǎkāi 교과서를 펴다

丢掉了 diūdiào le 내버리다, 잃어버리다

⑦ 完 wán : 완성의 의미를 나타냄

看完了 kàn wán le 다 읽었다   说完了 shuō wán le 말을 다 했다

办完了 bàn wán le (일을 다 마쳤다)

02 가능보어

가능보어란 동사와 보어 사이에 得 또는 不을 첨가하여 주관 또는 객관적인 조건의 실현 여부를 나타냅니다.

吃得来 chīdelái. 입에 맞다	吃不来 chībulái. 입에 맞지 않다
吃得下 chī de xià 먹을 수 있다	吃不下 chī bu xià (배가 부르거나 속이 안 좋아) 먹지 못 하겠다
买得到 mǎo de dào 살 수 있다	买不到 mǎi bu dào (물건이 귀해) 살 수 없다

他看不懂英文报。Tā kàn bu dǒng yīngwénbào.　　그는 영자 신문을 읽을 줄 모른다.

A : 打得开吗? Dǎ de kāi ma?　　열립니까?
B : 不，打不开。Bù, dǎ bu kāi.　　아니요, 열리지 않습니다.

가능보어 문장에 목적어가 있을 경우, 목적어는 가능보어 다음에 위치합니다.

他高兴地说不出话来。　　그는 기뻐서 말을 하지 못했습니다.
Tā gāoxìng de shuō bu chū huà lái.

我想说话，可是张不开口。　　나는 말을 하고 싶지만 입이 안 떨어집니다.
Wǒ xiǎng shuōhuà, kěshì zhāng bu kāi kǒu.

起 [qǐ] 가능함을 나타내는 보어　懂 [dǒng] 이해하다　英文报 [yīngwén bào] 영자신문　打开 [dǎkāi] 열다

高兴 [gāoxing] 기쁘다　说话 [shuōhuà] 말하다　想 [xiǎng] 생각하다, ~하고 싶다　可是 [kěshì] 그러나

张开 [zhāngkāi] 열다

A: 刷卡还是付现?
Shuākǎ háishì fùxiàn?

B: 刷卡，一次性付清。
Shuākǎ, yícìxìng fùqīng.

C: 谢谢您请我们吃饭。 让你破费了。
Xièxie nín qǐng wǒmen chīfàn. Ràng nǐ pòfèi le.

B: 把雨伞收好。
Bǎ yǔsǎn shōuhǎo.

C: 现在才八点多，我们去唱KTV怎么样?
Xiànzài cái bā diǎn duō, wǒmen qù chàng KTV zěnmeyàng?

A : 신용카드로 하실래요? 현찰로 내실래요?

B : 카드로 할게요. 일시불이요.

C : 우리 밥 사주셔서 감사합니다. (우리가) 돈을 많이 쓰게 해 드렸네요.

A : 우산 잘 챙기세요.

C : 이제 8시가 조금 넘었는데 우리 노래방 갈까요?

문화 TIP 중국인의 고수례(叩手礼)

중국 사람과의 술자리에서 상대방이 나에게 술을 따라주면 두 손으로 공손히 술잔을 잡으면 되는데요, 미처 손 쓸 겨를도 없이 상대방이 공격적으로 술을 따른다면 두 번째와 세 번째 또는 두 번째 세 번째 네 번째 손가락으로 술잔 주위의 식탁을 두세 번 두드리면 됩니다.

이를 고수례, 叩手礼 '손을 두드리는 인사'라고 하는데요, 청나라 건융 황제 때 잠행을 나갔다 수행한 대신들에게 황제가 직접 차를 따라주자 잠행중이라 황제 신분이 들통 나면 안 되기 때문에 신하들이 손가락으로 무릎 꿇은 것을 대신 한데서 유래됐어요. 오늘날에는 상대가 나에게 술이나 차를 따를 때 고마움을 표시하는 방식이 됐죠.

01 우리말을 참고로 괄호 안에 들어갈 단어를 [보기]에서 고르세요.

보기

A 还是	B 吃饭	C 才	D 收好	E 付清
F 请	G 让	H 刷卡	I 多	J 怎么样

1) 刷卡(　　)付现?　　　　　　　　　신용카드로 하실래요? 현찰로 내실래요?

2) (　　), 一次性(　　)。　　　　　　카드로 할게요. 일시불이요.

3) 谢谢您(　　)我们(　　)。　　　　　우리 밥 사주셔서 감사합니다.

4) (　　)你破费了。　　　　　　　　　(우리가) 돈을 많이 쓰게 해 드렸네요.

5) 把雨伞(　　)。　　　　　　　　　　우산 잘 챙기세요.

6) 现在(　　)八点(　　), 我们去唱KTV(　　)?　　이제 8시가 조금 넘었는데 우리 노래방 갈까요?

现 xiàn	現 나타날 **현** 현재, 지금; 나타나다, 드러내다	现	现	现	现
请 qǐng	請 부탁할 **청** 청하다, 부탁하다	请	请	请	请
饭 fàn	飯 밥 **반** 밥, 식사	饭	饭	饭	饭
让 ràng	讓 사양할 **양** 사양하다, 양보하다; 하게 하다	让	让	让	让
伞 sǎn	傘 우산 **산** 우산	伞	伞	伞	伞

PART 01

P. 34

01	1) E	2) A	3) B	4) E, C	5) D
02	1) A	2) E	3) C	4) D	5) B

PART 02

P. 46

01	1) B	2) E	3) C	4) A	5) D
02	1) E	2) A	3) B	4) C	5) D

PART 03

P. 58

01
1) 两, 十五, 两, 一
2) 四, 三十, 四, 半
3) 八, 五十, 十, 九
4) 一, 四十五, 一, 三

02	1) D	2) B	3) E	4) A	5) C
03	1) B	2) E	3) C	4) D	5) A

정답

PART 08

P. 112

01 1) 他喜欢游泳。   2) 他喜欢棒球。   3) 他喜欢网球。
      4) 他喜欢高尔夫球。   5) 他喜欢足球。

02 1) B   2) A   3) C   4) D   5) E

PART 09

P. 124

01 1) 我要去中国。   2) 我要去美国。   3) 我要去书店。

02 1) 我要买书。   2) 我要买词典。   3) 我要买啤酒。

03 1) 比较   2) 很   3) 不太

PART 10

P. 136

01 1) 三块五
      2) 四块五
      3) 三块二
      4) 六块五

02 1) B, F   2) E   3) A   4) D   5) C

PART 11

P. 148

1) F	2) E	3) C	4) D	5) B
6) A	7) G	8) J	9) I	10) H

PART 12

P. 160

1) F	2) A, B	3) G	4) E
5) H	6) C , D	7) I	8) J

PART 13

P. 174

1) A	2) E, F	3) D	4) C
5) B	6) G	7) F	8) H, I

PART 14

P. 186

1) C	2) F	3) D	4) H	5) E
6) I	7) G	8) A, I	9) J	10) B

정답

PART 15

P. 198

1) ②	2) ①	3) ③	4) ③
5) ③	6) ③	7) ③	8) ②

PART 16

P. 210

1) H, B　　2) I, C　　3) D　　4) J　　5) E, F　　6) A, G

PART 17

P. 222

1) D, I	2) B, A	3) F	4) G
5) H	6) E	7) J	8) K